歴史文化ライブラリー
289

幕末日本と対外戦争の危機

下関戦争の舞台裏

保谷徹

吉川弘文館

目　次

下関戦争とその舞台裏

プロローグ

イギリス本国と極東日本

一八六四年一〇月（元治元年九月）、英国外務省は極東の小国、日本からの報告を待っていた。この当時は日本から英本国まで書翰《しょかん》が届くのに少なくとも一か月半から二か月かかった。

外務省のみならず、英国の政府首脳が気にかけていたのは、日本の一地方領主への攻撃作戦の成否であった。大名（Daimio）と呼ばれたこの封建領主は、外国人排斥を主張する一派に属し、領内の海峡を封鎖して外国船への砲撃を続けていた。

現地に駐在する公使から作戦計画が届いたのは、それが実行に移される直前であり、すでにぎりぎりのタイミングだった。外務大臣はただちに自重を促す訓令を送り、さらに説明のために公使の帰国を命じたが、この召還命令が間に合うとは思われなかった。

あとはひたすら結果を待つしか術はなかったのである。

英本国が報告を待ち続けていたのは、下関《しものせき》海峡を封鎖する長州藩《ちょうしゅうはん》砲台に対する攻撃作戦の帰趨《きすう》であった。英・仏・蘭・米四国連合艦隊《しこくれんごうかんたい》による下関砲台への攻撃（いわゆる下関《しもの》関戦争《せきせんそう》）は、一八六四年九月（元治元年八月）のことである。つまり、一〇月にはすでに終了していたわけだが、その知らせが本国に届くのは一一月に入ってのことであった。

英国首脳が気に病んでいたのは、単に日本の一大名との戦いの結果だけではなかった。一〇月一八日、海軍本部委員グレイ提督は海軍大臣サマーセットに代わって、外務大臣ジョン・ラッセルへ厳しい口調の書翰を送っていた（ラッセル文書）。

私は四か国の公使が採用した政策に関して何ら意見を表明しようとは思いません。しかし、その政策の結果として日本にあるわが海軍が影響を被ることが懸念されますので、〔現地司令官の〕報告に関する私の考えを貴下へ申し上げて当然だと考えます。

グレイは、日本海域に現存する英国艦隊は、スクリューフリゲート一、外輪フリゲート一、コルベット四、スクリュースループ一、外輪スループ一、大型砲艦三、砲艦三の計一四艦だと述べ、海峡封鎖を解く目的には十分だが、多くの外国人が居留した横浜防衛を同時に担うには耐えられない、という現地司令官（キューパー海軍中将）の意見を添え、自分もまったく同意であることを告げた。仮に目的を果たしたとしても、かなりの損失と損害を被るだろうというのである。

それゆえこの作戦行動が、恐れているように敵対する大名たちとの戦争のはじまりであったとしたら、われわれはきわめて不利な位置に置かれるでしょう。現在シンガポールにいるフリゲート一艦以上の増援は直ちには望めず、英国から事を起こすまでに、戦闘開始から少なくとも六か月は経過してしまいます。

日英全面戦争の懸念

グレイの懸念は、もし日本での軍事作戦が大規模な戦闘に拡大してしまった場合、増援を送るには六か月という途方もない期間がかかることにあった。不用意に開始した攻撃作戦がドロ沼化すれば、対日全面戦争に発展する可能性も危惧《きぐ》される。その場合、増援なしに半年間を持ちこたえることができるだろうか。居留地の自国民の安全を確保することができるだろうか。海軍の警告は深刻なものだった。

この警告はただちに、ときの首相パーマストンのもとへ知らされることになった。一〇月二〇日、パーマストンは外相ラッセルに返事を出し、グレイ提督の書翰は起こりうる最悪の事態を正しく指摘しているとしたうえで、「日本海域にあるヨーロッパ列強のすべての陸海軍力が、一つやそこらの大名に対して不十分だと考えることはむずかしく、まして列強連合がたったひとつを攻撃し、〔その大名は〕他から何らの有効な支援も与えられないのだ」と応えた。作戦そのものの成功は楽観的に考えようというわけである。

ただし、相当の深刻な損害を受ける可能性もあった。首相は、その場合にも数か月前に余計な作戦は遂行しないよう外相の「正しい訓令」が出されているではないかと指摘し、それが間に合っていれば作戦は中止されているだろうし、もし間に合わなかったとしてもそれは仕方がないことだと正当化した。

それにしても、英国首脳をここまでやきもきさせた下関遠征とはどのような戦争だったのだろうか、あるいは、日本と全面戦争になる事態を本気で心配する背景には、どのような状況が存在していたのだろうか。

本書では英国をはじめ、諸外国の側に存在する史料も用いながら、幕末日本を襲った対外危機の真相にせまってみたい。

外圧の構造

幕末の「外圧」問題

日本史研究上の大論争となったテーマのひとつに、「外圧」論争がある。いわゆる「植民地化の危機」をめぐる論争である。本書との関係で、この論争史をごく簡単にふりかえっておきたい。

「外圧」をめぐる論争

遠山茂樹《とおやましげき》の名著『明治維新《めいじいしん》』（岩波全書）がはじめて刊行されたのは一九五一年（昭和二六）のことであった。遠山は幕末日本の内発的発展を重視し、黒船来航《くろふねらいこう》ではなく、天保期《てんぽう》（一八三〇―四四）から話を起こした。これに対して井上清《いのうえきよし》は「幕末期に植民地化の危機はあるや否や」、この強烈な疑問をつきつけた。幕末日本が資本主義列強の半植民地と化す危機が厳然としてあったではないか、あるいはすでに半植民地化されていたのではないか、と指摘したのである。ここでは関税自《かんぜいじ》主権《しゅけん》の喪失や領事《りょうじ》裁判制度、外国軍隊の駐留などがその指標となった。

遠山が維新変革を基本的に支配階級内部の抗争として捉えたのに対し、井上は民衆の民族的覚醒《かくせい》と下級武士層との結びつきを重視し、いわゆる民族的集中の問題として論陣をはったのである。結局、この遠山―井上論争は、遠山が自著に加筆訂正して半植民地化の蓋《がい》然《ぜん》的危険性を認めるかたちになったが、個々の論点では井上の側も十分な論証をふまえたものではなかった。

この論争はかたちを変え、それまでの外圧研究を実証面でささえてきた石井《いしい》孝《たかし》と近代経済史の芝原拓自《しばはらたくじ》の間で再燃する。石井は幕末期の外圧の相対的緩和を主張し、植民地分割競争の先取り状況を強調した芝原を民族主義と非難し、両者は激しい議論を繰り返した。石井の主張は、コブデンやブライトのマンチェスター派に代表される自由貿易主義の思潮のもとで、英国は小英国主義を採用したため、植民地分離論が支配し、日本に対する外圧はその前後の時期に比して相対的に緩和されたとしたのである。

しかし、皮肉にも当時の英国学界では小英国主義論は批判の対象とされ、ヴィクトリア中期の植民地拡大の事実が注目されていた。いわゆる「自由貿易帝国主義」論（一九五〇年代にギャラハーとロビンソンが提唱）の台頭である。実際に日本でも、本書で取り上げるように、鹿児島戦争（一八六三年・文久三）や下関戦争（一八六四年・元治元）が起こっており、石井と芝原の論争自体は平行線をたどったが、よく観察すると、石井が主張する議論の〝有効範囲〟は、一八六〇年代後半から、七〇年代以降の「帝国主義」時代までのわずかな期間へと次第に絞られてしまったことがわかる（石井孝『明治維新と外圧』）。

グラッドストーン外交の時代は『小英国主義』がストレートに外交に反映されている時代……一八六〇年代後半から七〇年代初期、……(石井)私はここに『小英国主義』の影響によるイギリスの対日政策のなかに、外圧の『相対的緩和』をみた。……『小英国主義』の影響をうけるイギリスの対日政策は、……一八六四年の下関攻撃をへて、幕府といわず、諸藩といわず、いっせいに開国に傾くと、その政策を実行する条件が整ってきた。

石井としては苦しい弁明である。たしかに、芝原が言うような植民地分割競争は一八七〇～八〇年代以降であり、かつて井上清が主張したような最幕末の半植民地化の危機を見いだすことがむずかしくなる一方、石井が図らずもこの文章で吐露《とろ》しているように、一八六四年の下関戦争までは実際に列強の武力行使がおこなわれていたからである。

その後、幕末経済への外国貿易の影響についてさまざまな再評価の動きが登場するなかで、いわゆる外圧幻想論も登場した。とくに経済史の立場から、通商条約《つうしょうじょうやく》が外国商人の内地通行権を認めなかったこと、開港後の貿易が国内産業の破壊のみに作用したのではなく、実際には再編過程であったことなどを強調し、外圧に対する従来の考え方が過大評価であると指摘したのである（杉山伸也「東アジアにおける「外圧」の構造」『歴史学研究』五六〇、一九八六年）。この考え方に従うと、列強には軍事的介入の実力も意図もなかったということになり、現実に起こった戦争はテロや攘夷《じょうい》事件に関係した個別的なものということになるのかもしれない。しかし本当にそうなのだろうか。

自由貿易主義のもとでの資本主義列強の軍事力をどうみるか、ここに議論のひとつの焦点があるように思われる。

日本の攘夷主義との対決

そもそも日本の攘夷運動が高揚するなかで、列強は日本との貿易関係を継続するためにどう対応しようとしたのだろうか。

幕末の攘夷論は、「自国の封建的社会関係の名分論《めいぶんろん》的優越を強調し、「神国」が外国の「蛮風」によって「汚される」のを阻止しようとする」ものだった（遠山茂樹『明治維新』改訂版）。開国・開港の経緯や貿易開始後の社会変動は、攘夷意識を高揚させるとともに反幕府の運動に人々を取り込んでいく役割を果たした。

これまでの議論では、攘夷運動の高揚は外国人へのテロ・襲撃を続発させ、とりわけ生《なま》麦《むぎ》事件《じけん》の賠償をめぐって起こった薩英《さつえい》戦争、長州藩による外国船砲撃（攘夷実行）と下関戦争を経験して、薩摩《さつま》にせよ、長州にせよ、攘夷の不可を知って軍事改革に乗り出し、近代軍備を整えて倒幕を実現するという維新史のダイナミズムが描かれてきたと思う。

しかし、たとえば冒頭にみたような英国政府の懸念は、攘夷激派《げきは》たる長州一藩への軍事行動に対してのものではなかった。有力な大名領主とはいえ、外国からみれば名前も知らない一地方領主である。日本とのドロ沼の全面戦争にならないかどうかを、彼らは真剣に心配していたのであり、とりわけ日本の中央政府たる幕府が攘夷主義（外国からみれば外国人排斥）に傾くことが最も恐れていた事態だったはずである。

一八六二年（文久二）から六四年（元治元）にかけて、幕府は奉勅攘夷《ほうちょくじょうい》の名のもとに鎖港《さこう》方針をかかげるようになった。攘夷主義の高揚に対して、余儀なく取らされたポーズだという議論が学界ではまだ一般的かもしれない。しかし、その「ポーズ」を国際社会がそのように考えてくれるかどうかは、まったく別問題であり、相手方の判断を確認しなければ、きわめて主観的な議論であるといわざるをえない。

最も信頼すべき石井孝の研究でも、幕府の鎖港方針は当初は「ジェスチュア」であると評価し、そのことを諸外国も基本的に理解していたと考えた。しかし一方で石井は、下関戦争へ向けた条約列強の狙いを、単に長州砲台への攻撃ではなく、攘夷主義の高揚と幕府の鎖港《さこう》要求への圧力であり、〝長州攻撃によって日本の攘夷勢力総体へ打撃を与える〟ものとも評価している。

石井が一般的にいうところの〝攘夷勢力総体〟あるいは「全封建支配者の鎖国攘夷政策」とは、天皇・朝廷のもとに結集した攘夷運動の総体を意味しており、この見方は大局的には誤りではない。幕府の奉勅攘夷方針も天皇・朝廷のもとに発したものだと考えることもできる。しかし結論的にいってしまえば、攘夷という言葉には相当の幅があった。和《わ》親《しん》を前提に横浜鎖港交渉をおこなうと主張した幕府と、和親すら否定し、外国人排除のために直接的な武力発動をおこなう攘夷激派（長州藩ら）の立場を同じ枠組みで簡単にくくってしまっていいのだろうか。これを同じものだと考えることは、実は条約列強が意図した戦争の論理をそのまま認めてしまうことになる。列強の出先当局は、幕府が鎖港要求をおこなうこと自体が通商条約に背く戦争行為だと決めつけ、「将来的に予想される外国人追放実施」を口実に、先制的な実力行使をおこなおうとしていたからである。

攘夷主義の高揚と激発するテロ・襲撃事件、さらに攘夷激派による武力行使、その一方で幕府自身による攘夷＝鎖港方針の提唱、列強はこのような事態にどのような対応を迫られたのか、このあたりを具体的史料に即して読み直すことによって、いわゆる攘夷戦争勃発の舞台裏を明らかにしていく必要がある。

東アジア情勢と自由貿易帝国主義

自由貿易帝国主義

イギリスでは産業革命の力を背景に、一八四六年の穀物法撤廃を画期として、自由貿易主義が黄金期を迎えていた。一八六〇年、自由貿易の原則に立つ英仏通商《つうしょう》条約《じょうやく》の締結を皮切りに、六〇年代には自由貿易の網の目がヨーロッパをおおっていった。

自由貿易主義は東アジアにも採用され、遅れた「半文明国」に対して必要であれば武力を行使して自由貿易を強要する結果になった。現地権力が協力的であればいわば非公式に支配し、現地権力が抵抗すれば武力行使に訴え、場合によっては植民地化して公式帝国のなかに繰り込んだ。こうしたやりかたは自由貿易帝国主義と呼ばれ、「可能なら非公式に、必要ならば公式的に支配を拡大」するといわれた。

本書の範囲を逸脱するが、武力を背景とする自由貿易体制の強要は、その後のいわゆる植民地獲得競争＝列強帝国主義の時代を経て、現代の帝国主義的思潮につながるものとも議論されている。

国民国家という歴史的な政治的枠組みと資本の本来的な国際性とのあいだには、ズレと衝突が避けられない。資本主義経済を基礎とする帝国主義は、一般的には、このズレと衝突を、資本の本国である強国が国家権力の動員によって解決しようとする衝動と行動である。（後藤道夫『現代帝国主義と世界秩序の再編』大月書店、一九九七年）

二一世紀の今日が、一九世紀と本質的に共通の課題を抱えていることに改めて気づかされるが、この話題にはこれ以上深入りしないでおこう。

パーマストンと砲艦外交

さて、外相・首相として、一八三〇年代から六〇年代のイギリスを代表する政治家が、自由貿易帝国主義者として名高いパーマストン子爵ヘンリー・ジョン・テンプル（一七八四―一八六五）である。

一八五七年、パーマストン内閣（ホイッグ党）は総選挙での勝利を背景に、中国へ第二次アヘン戦争（アロー戦争）をしかけ、一八六〇年には英仏連合で兵員二万人・軍艦一五〇隻という前代未聞の大部隊を派遣した。しかしこの勝利に酔う余裕もなく、中国では「太平天国《たいへいてんごく》」への対応に追われる。列強の貿易拠点である上海《シャンハイ》防衛に多大な兵力と経費を裂かなければならなかったのである。これが一八六〇年代前半の状況であった。

パーマストンが中小国に対し、大国イギリスの外交として展開したのが、いわゆる砲艦《ほうかん》外交《がいこう》であった。港に砲艦をおいて、露骨な軍事力行使の可能性をちらつかせながら、外交の成果を勝ち取る手法だが、もちろん時には具体的な武力行使も必要だった。

図1　パーマストン首相

1784-1865. ホイッグ党（のちの自由党）で外相，首相（1855-58, 59-65）を歴任. とくに1830年代以降の外交を指導，弱小国への砲艦外交を辞さず，国権主義的方針をとった.

図2　オールコック公使
1809-97. 外科医から外交官に転じ, 中国各地の領事館を経て, 1859年に初代駐日公使として来日.

駐日公使オールコック

英国の初代駐日公使ラザフォード・オールコック（一八〇九―九七）は、一八六二年（文久二）に『大君《たいくん》の都《みやこ》』を著し、日本の技術や日本人の勤勉さ、市場としての高い可能性をヨーロッパに紹介した。それと同時に彼は、日本のなかに芽生えつつあった攘夷主義（排外主義）に対し、将来的に欧米と結んだ条約の不履行が続くようであれば、英国はどのような政策で望むべきか、このことを厳しく問いかけた（山口光朔訳『大君の都』岩波文庫、一九六二年）。

われわれの条約の目的が貿易であることはいうまでもない。貿易こそは第一かつ主要な目的である。とはいっても現在にせよ将来にせよ、日本との貿易を伸張するために戦争をおっぱじめてもよいということにはならないと考えられよう。しかるに暴力をこうむることなく産物を自由に交換し、交通することを認めている条約の規定を、なんらかのかたちで実施する覚悟をわれわれの方できめないことには、政府がわれわれに誠意を示すための努力をするかどうかは疑わしいように思われる。力か圧力で強要した条約は、一般に同じ手段によってのみ保たれる。東洋におけるわれわれのあらゆる経験が、この結論を示している。それのみかヨーロッパ諸国間の条約の歴史もこれとあまり異なってはいない。

オールコックは、「新しい市場を獲得することが、マンチェスターの夢であり、広くわが国製造業界の希望である」と述べるとともに、「高価な武力《（戦争）》に訴えることなしに通商を拡張し、自由に発展させる」ことが条約の唯一の目的であり、その条約の履行には軍事力による圧力が必要だと述べている。

イギリス産業資本の確立は、極東日本をも世界市場のなかに組み込まざるをえず、現地権力がそのような変化に非協力である場合、通商関係を確立維持しようとするのであれば、やはり武力を背景とした強要が必要だというのがオールコックの一貫した主張であった。

この主張は、ヴィクトリア中期のパーマストン外交が象徴する、いわゆる自由貿易帝国主義の考え方を代表していた。オールコックが結論的に述べた「大英帝国を刺激して敵対行動に駆り立てたりする代わりに、条約の責務を遵守することによって平和的な関係を維持してゆく方が賢明だということを、大名たちやその支持者に教えるには、いままでよりももっと峻厳《しゅんげん》な懲罰《ちょうばつ》が必要かもしれない」（同前）という言葉は、その後の日英関係の展開を予言するものとなるのである。

蒸気船と施条銃砲

少し話を急ぎすぎたかもしれない。本論に入る前に、イギリスを中心とする列強軍事力の展開状況についてふれておこう。

蒸気船とライフルの技術は、一八五〇年代から六〇年代の列強軍事力の優位性を確保する象徴となった。

まず軍艦である。風向きにかかわりなく動くことができる蒸気軍艦の登場は、大きな画期となった。ペリー艦隊の主力艦は当時でも最大級の蒸気艦であったが、これは外輪船《がいりんせん》であり、防御力に問題があった。露出した外輪を攻撃されやすく、また外洋では荒波に耐えられなかったのである。軍事的にはスクリュー装備の蒸気艦登場に大きな意味があったが、当時の蒸気艦はいずれも帆装し、順風の外洋では帆走《はんそう》して石炭を節約するのが一般的だった。いわゆる装甲艦《そうこうかん》がはじめて現れたのも一八六〇年前後であり、装甲砲塔《そうこうほうとう》が登場するまでにも時間があった。

一八六〇年代当時、日本近海に派遣された列強の主力艦は、二〇〇〇〜三〇〇〇トン級のフリゲート艦で、大型の施条砲《せじょうほう》を含む二〇〜三〇門を搭載した。

一九世紀後半はまたライフル化に向けた火器革命が進展し、小銃ではまず前装式のライフル（施条銃《せじょうじゅう》）が普及することになった（『日本軍事史』）。

一八四〇年代、フランスのミニエによって発明された拡張式弾丸は、椎《しい》の実《み》型弾丸のすそが発射時のガス圧でわずかに広がってライフルへ圧着するように工夫され、装てんの容易さを実現した。フランス陸軍はこのミニエ銃を制式銃に採用し、英国も同様のエンフィールド銃を一八五〇年代に採用した。この結果、小銃の射程は一〇〇〇メートル以上に伸び、それまで五〇〜一〇〇メートルで弾幕を張ることに主眼があった滑腔銃《かっこうじゅう》（球弾）の段階から、歩兵が散開して遠距離（実際に有効な射程は二〇〇〜三〇〇メートル程度）から敵を射程に捉える散兵戦術も可能になった。

その後、一〇年内外のうちに、雷管《らいかん》と弾薬が一体化した弾薬筒が発明され、後尾から弾

図3　アームストロング砲
ウィリアム・アームストロングの発明による後装ライフル砲．写真は110ポンド砲．薩英戦争（1863年）で使用されたが，尾栓装置の故障が多く，英国では前装砲に戻している．

丸を装てんする工夫が生まれた。フランスではシャスポー銃、英国ではシュナイダー銃などの後装施条銃が採用される。後装化によって、装てんに際しても低い姿勢で敵から身を隠しておこなうことができるなど、戦い方にも大きな変化が生じた。

大砲の分野でも施条化が進んだ。施条砲は長弾を用い、同口径ではるかに大量の弾薬を打ち込むことができた。また、それまでの時限信管《じげんしんかん》に代わり、着発信管の使用が可能となり、射程も大幅に延ばすことができた。ただし、鋳銅製や鋳鉄製の砲身では強度が不足していたため、鋳鉄製の砲身に鍛鉄《たんてつ》の箍《たが》をはめる装箍砲《そうこほう》など、砲身の多層化がすすみ、内筒をコイル状の鍛鉄で巻いて鍛えたアームストロング砲、あるいはクルップ砲に代表されるような鋳鋼砲が生まれていった。

こうした技術が、ヨーロッパと非ヨーロッパ諸国の間の軍事力格差を生んでいたのである。

列強の軍事的プレゼンス

最後に、東アジア海域にほぼ常駐化する海軍艦隊をはじめ、列強の軍事的プレゼンスについて概観しておきたい。

英国海軍は、マラッカ、シンガポールなどの要地をおさえ、一八四〇年の南京《ナンキン》条約で香港《ホンコン》を獲得、一八六四年には東インド・ステーションから中国・日本ステーションを分離し、艦隊を配備した（次頁図4参照）。司令長官は中将クラスである。

中国ステーションのイギリス海軍は香港を拠点に、一八六〇年代末の大幅な削減にいたるまで、およそ軍艦四〇隻《せき》、兵四〇〇〇名の規模を保っている（24頁、表1参照）。一八六二年当時の主な軍艦は、蒸気フリゲート艦ユーリアラス号（排水量二一一五トン、砲三五門）を旗艦《きかん》に、合わせてフリゲート三・コルベット三・スループ一と大型砲艦六からなり、すべて蒸気艦（うち外輪三）で、この搭載砲は計一三九門であった。戦闘艦としては、このほかに二〇艘《そう》前後の小型砲艦がこれに加わる。ヨーロッパ近海の艦隊に比べれば、主力艦ははるかに小型だった。

図4　イギリス海軍の東インド・中国ステーションの変遷

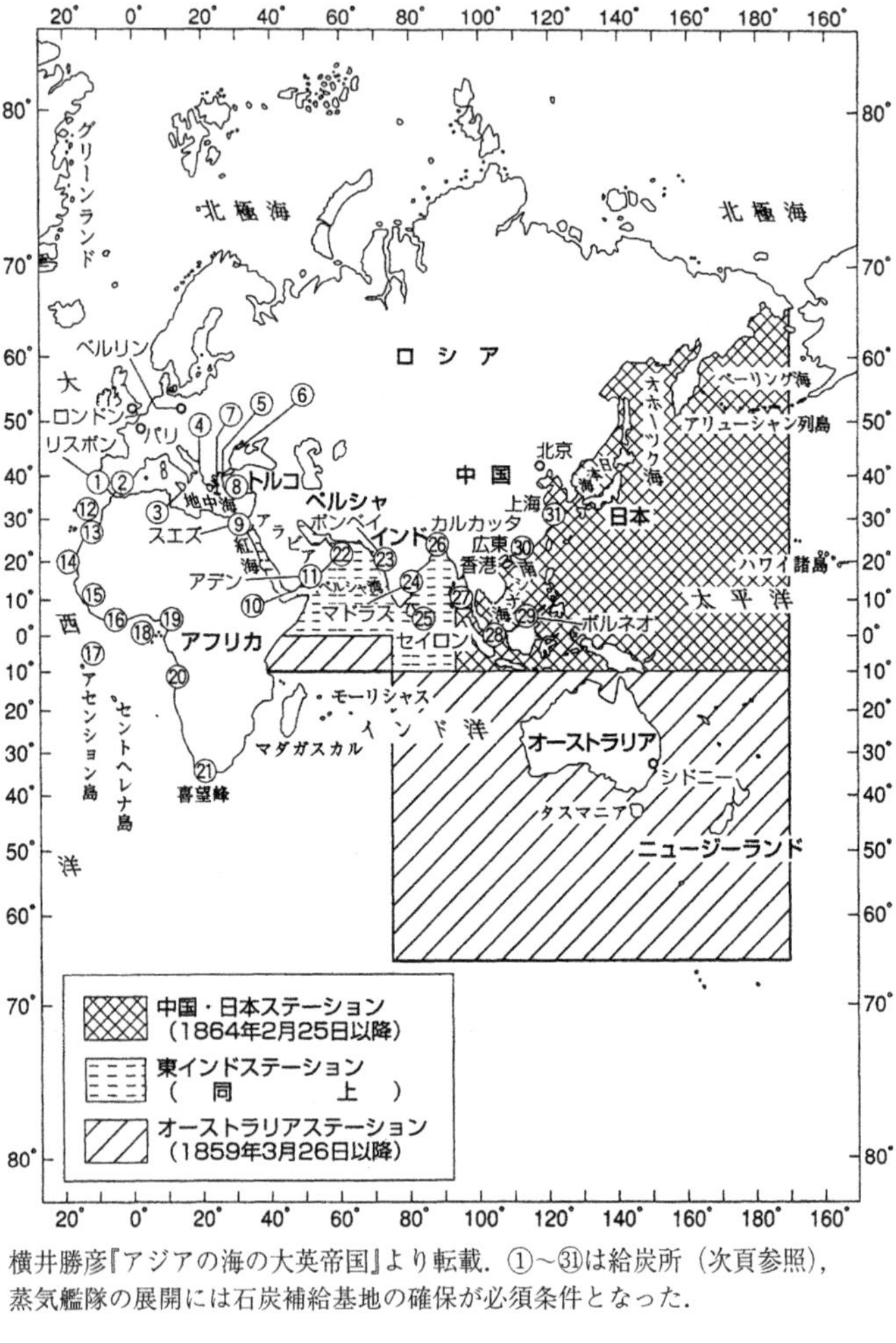

横井勝彦『アジアの海の大英帝国』より転載．①～㉛は給炭所（次頁参照），蒸気艦隊の展開には石炭補給基地の確保が必須条件となった．

この海軍（海兵隊含む）に加え、砲台攻撃や内陸部への進撃に欠かせないのが陸軍兵力であった。イギリス陸軍の中国駐留兵員数をその月例報告からみてみると、第一次アヘン戦争には最大四二〇〇名近く、第二次になると、一五〇〇〇名以上の陸軍兵力が動員されている。このうち半数はインド兵であり、本国議会の承認の必要がなかったため、イギリスにとって動員しやすい植民地兵力であった。

陸軍兵力の投入は基本的には有事への対応であり、そのことは表2（次頁）をみるとはっきりする。表2はイギリス陸軍の主な駐留先をあげたものである。アロー戦争の撤兵後、兵力は拠点である香港《ホンコン》・九龍《クーロン》を経由して、紛争地へ送り込まれている。一八六〇年代前半

イギリスの石炭補給線

①　リスボン
②　ジブラルタル
③　マルタ島
④　コルフ
⑤　コンスタンチノープル
⑥　黒　海
⑦　シロス島
⑧　スミルナ
⑨　スエズ
⑩　ペリム
⑪　アデン
⑫　マデイラ諸島
⑬　テネリフェ島
⑭　ベルデ岬諸島
⑮　バサースト
⑯　シエラレオネ
⑰　アセンション島
⑱　セント・トマス島
⑲　フェルナンド・ポー島
⑳　セント・ポール・デ・ロアンダ
㉑　喜望峰
㉒　クリアムリア
㉓　ボンベイ
㉔　マドラス
㉕　ツリンコマリー
㉖　カルカッタ
㉗　ペナン
㉘　シンガポール
㉙　ラブアン島
㉚　香　港
㉛　上　海

表1　イギリス海軍の世界配備

年／数／地域	1840年 艦数(隻)	1840年 兵員数(人)	1850年 艦数(隻)	1850年 兵員数(人)	1860年 艦数(隻)	1860年 兵員数(人)	1867年 艦数(隻)	1867年 兵員数(人)
東インド	20	4,055	20	3,189	65	7,561	7	1,275
中国							38	4,447
オーストラリア	—	—	—	—	6	1,090	6	1,367
太平洋	6	596	13	2,558	15	3,625	14	3,321
アメリカ東南海岸	17	1,730	9	1,015	8	1,262	9	1,115
喜望峰	20	1,528	9	917	9	1,581	3	446
アフリカ西海岸			25	2,543	15	1,924	19	1,894
北米・西インド	30	3,231	13	1,877	22	3,158	29	5,488
地中海	37	10,206	28	8,264	38	15,360	19	5,207
カナダ	5	400	2	59	—	—	—	—
バルチック海	—	—	—	—	—	—	—	—
本国海域	106	10,604	94	12,819	127	29,398	132	19,685
計	241	32,710	213	33,241	305	64,959	276	44,245

横井勝彦『アジアの海の大英帝国』付表より作成.

表2　英国陸軍の中国・日本駐留兵員数の変化
（主要拠点別）

	香港	九龍	天津	上海	日本	その他	総計
1862.1	1502	480	1827	645		(545)	4999
1862.7	1260	247		2406		(820)	4733
1863.1	1069	220		2486	(40)	(648)	4463
1863.7	1249	276		1895	46	(378)	3844
1864.1	1309	1062		1674	55	(324)	4424
1864.7	1177	142		1568	291	(652)	3830
1865.1	1247	462		1476	910	(170)	4265
1865.7	1244	514		416	841	(203)	3218

WO17/1705～1728, NAUK所蔵月例報告より作成, 数字は1日付.

は何といっても上海居留地の防衛に兵力が回されているが、一八六四年七月に太平天国が崩壊すると、ここを撤兵する。代わって（香港以外の）東アジア最大の駐留地となるのは、実は日本（横浜）なのである。表3は問題となる一八六四年の後半期を示したが、中国方面軍のほぼ三分の一近い兵力が日本に投入されていた。東アジア最大の火種は日本にあったわけである。

英国とともに、海軍力の一応の世界配備をなしとげるのはフランスである。フランスはナポレオン戦争後、ほとんどすべての海外領土を失っていた。皇帝ナポレオン三世は、叔父（ナポレオン）の失敗は英国と対抗したことにあると信じ、一貫して英国との協調政策をとった。

フランスがインド洋に唯一確保したレユニオン島は、この時代の唯一の海軍拠点であった。一八五〇年代には、ここにおかれたレユニオン艦隊が、インド洋から中国・日本沿海までの広い海域をカバーせざるをえなかった。この艦隊は実際にはマニラや香港、上海《シャンハイ》などを遊弋《ゆうよく》するばかりの放浪艦隊にすぎなかったが、アロー戦争の際に旧教国スペインと

表3　英国陸軍の横浜駐留兵員数(1864年後半)

月	横　浜	中国全域
7月	291	3830
8月	926	3786
9月	1178	3812
10月	1217	4004
11月	1316	4343
12月	1312	4281

(NAUK, WO17/1705～1728, 月例報告より作成). 各1日付.

組んでコーチシナ（ベトナム）へ進出し、サイゴンを拠点として確保する。サイゴン総督はアジアに赴任した海軍提督が到達する最高の地位となった。フランスの中国ステーションは上海や横浜が中心となり、分艦隊が配置された。司令長官は准将クラスであった。

このほか、ジャワ（バタヴィア）を根拠とするオランダも、日本海域に少なくとも軍艦一隻を常駐させる体制を作っている（横山伊徳「幕末維新の国際情勢―オランダから見た日本―」『日本近現代史I』岩波書店、一九九二年）。南北戦争に力を割かれていたアメリカも、サンフランシスコに太平洋艦隊があった。

ロシアはクリミア戦争以来、とくに英国とは対抗関係にあり、太平洋側の根拠地はカムチャッカやウラジオストックだったが、ほかの条約列強とは別行動をとっている。サハリン情勢などは実は本書のテーマと深く連動するはずだが、ここではあまり触れることはしない。

いずれにせよ、東アジアに展開した英国の軍事力は他の列強を圧倒していた。その意味でも、軍事と外交の両面で対日政策をリードした英国の動向を中心に以下の記述は進めていかざるをえないだろう。

攘夷主義と対外戦争の危機

開国・開港と攘夷主義

日本の開国・開港

嘉永《かえい》六年（一八五三）のペリー艦隊来航を契機に、日本は翌年開国し（和親条約《わしんじょうやく》）、ついで安政《あんせい》五年（一八五八）の通商条約《つうしょうじょうやく》締結によって世界資本主義市場へ強制的に編入されていった。日本の開国・開港の過程は、欧米勢力の軍事的威圧の前に屈したかたちとなり、「武威《ぶい》」による支配を建前にした幕藩制国家《ばくはんせいこっか》を根幹から揺さぶるものとなった。

開港後の物価高や社会変動は、外国人排斥を主張する攘夷《じょうい》運動を高揚させ、異人ぎらいの孝明《こうめい》天皇を頂点とする朝廷を、一方の政治の極におしあげることになった。これまで一体のものとして「公儀」権力を構成してきた幕府と朝廷の間の亀裂が広がり、朝廷に依拠して外国人排斥をすすめようとする尊王攘夷運動と、より強力に幕朝の一体化をすすめようとする公武合体《こうぶがったい》運動がせめぎあうことになる。そして、二五〇年にわたって継続した江戸幕府が、ペリー来航からわずか一五年で倒壊するのである。

アロー戦争と日本

初期外交の立役者はアメリカ総領事タウンゼント・ハリス（一八〇四―七八）であった。安政三年七月二一日（一八五六年八月二一日）、日米和親条約に基づいて着任したハリスは、アロー戦争（一八五六―六〇）における英仏の軍事的脅威をちらつかせながら、幕府を通商条約の締結にもちこんだ。

安政四年一〇月二六日、ハリスは老中《ろうじゅう》堀田正睦《ほったまさよし》宅で世界の大勢を論じ、通商の急務を論じた。ここでは、関税収入など貿易による収益を強調する一方で、列強の軍事力の前に屈服して条約を認めるよりも、平和的交渉で条約を結んだほうが有利なことを説き、その具体例としてアヘン戦争、そして当時おこなわれていたアロー戦争（第二次アヘン戦争）をあげた（坂田精一訳『ハリス日本滞在記』岩波文庫、一九五三年）。

諸外国は競って強力な艦隊を日本に派遣し、開国を要求するだろう。日本は屈服するか、然らざれば戦争の惨苦《さんく》をなめなければならない。戦争が起きないにしても、日本は絶えず外国の大艦隊の来航に脅《おびや》かされるに違いない。何らかの譲歩をしようとするならば、それは適当な時期にする必要がある。艦隊の要求するような条件は、私のような地位の者がするものよりも、決して穏和なものではない。平和の外交使節に対して拒否したものを、艦隊に対して屈辱的に譲歩することは、日本の全国民の眼前に政府の威信を失墜し、その力を実際に弱めることになる……

ハリスが主張する論点は明確である。平和的な交渉によって条約を結んだほうが、列強の軍事力に屈伏してから結ぶよりはるかに良い条件が確保でき、国内に対しても威権を保つことが出来るというのである。

避戦主義をとった幕府は、結果的にこの論理を受け入れることになる。幕府は条約交渉を詰める一方で老中堀田を上京させ、条約調印に天皇の同意（勅許《ちょっきょ》）を得て一気に事を運ぶつもりだった。ところが、案に反して勅許を拒絶され、かえって窮地に追い込まれることになった。黒船の威圧のもとに条約締結を余儀なくされるという事態は、ハリスが指摘した以上に、国家の威信を傷つけられたように感じられていたのである。

安政五年六月一四日（一八五八年七月二四日）、江戸湾に入港した米艦ミシシッピ号の報知を受け、ハリスは、アロー戦争に勝利した英仏艦隊がいよいよ日本へ渡来すると予告し、延期されていた条約調印を急ぐよう強く警告した。幕府もこのときは迅速な反応をみせ、五日後、大老井伊直弼《たいろういいなおすけ》は、交渉にあたっていた岩瀬忠震《いわせただなり》・井上清直《いのうえきよなお》に対し、やむをえず調印せよと命じた。日米修好通商条約の締結である。

これは、英仏両国進攻の脅威を巧みに利用し、同時にその防壁としての米国の友好的姿勢を印象づけようとしたハリス外交の勝利であった（石井孝『日本開国史』）。

もっともアロー戦争は決して終わっていなかった。一八五九年六月、条約批准《ひじゅん》をもとめて白河《ペイホー》遡上を強行した英仏軍は大沽《タークー》砲台で大損害を喫し（英軍の死傷者四三〇人）、英仏両国は合計二万人を超える陸戦力と一五〇を越える軍艦（傭船を含めると三七〇隻）を動員して第二次戦役に向った。これは東アジアで築いてきた自由貿易体制のドミノ的な崩壊を恐れたためであった。

この第二次戦役で必要とされた軍馬（輸送手段）や軍需物資を調達し、石炭貯蔵をおこなったのは開港したばかりの日本だった。実に皮肉なめぐりあわせだったのである（保谷徹「アロー戦争と日本」、横浜対外史研究会・横浜開港資料館編『横浜英仏駐屯軍と外国人居留地』）。

ともあれ、通商条約では、新たに神奈川・長崎・新潟・兵庫の開港と江戸・大坂の開市《かいし》が約束され、自由貿易が開始されることになった。そして、①領事裁判権《りょうじさいばんけん》、②協定税率

（関税《かんぜい》自主権《じしゅけん》の欠如）、③片務《へんむ》的《てき》最恵国待遇《さいけいこくたいぐう》（和親条約を継承）などの規定は、のちに不平等条約として長く問題となった。こうした不平等な規定のなかには、締結した後に強化・形成されていったものも少なくない。一国が獲得した権利は、最恵国待遇条項によって他の条約国にも共有されていったからである。

同時に、自ら勅許を申請しておきながら、結果として勅許なしで条約に調印したことは、幕府の政治的瑕疵《かし》となった。このことは攘夷運動を刺激するとともに、天皇・朝廷を一方の政治的極に押し上げる役割を果たすことになった。

交渉条約か敗戦条約か

ところで、ハリスが強調したのと同じように、平和裡《へいわり》に条約を結んだことの重要性に注目したのは加藤祐三である（加藤祐三『黒船前後の世界』）。加藤は、ペリーやハリスとの交渉を通じ、日本はまがりなりにも戦争なしに通商条約を結ぶことができた、もしいったん戦争ともなれば、その結果、莫大な賠償金と領土割譲の「懲罰」が待ち受けていたはずであり、ここが中国と日本の出発点の違いになったと主張したのである。交渉条約か敗戦条約か、この点を重視する視点はよく理解できる。加藤は、幕府の交渉能力の高さと避戦主義を評価しており、この点もきわめて説得的に思われる。

実際に、無謀な戦争を避け交渉条約を維持することこそ、幕府に課せられた使命になっていく。しかしその一方で、攘夷（外国人排斥）主義の高揚は、外国人や外国機関に対する暴力的な排斥行動を生んでいった。これが大規模な紛争に展開すれば、たちまち敗戦条約国へ転落する途が待ち受けていたといってよいだろう。その意味では、条約締結が初期的にもった規定性を重視するだけでなく、その条約体制が安定するまでの経緯をもう少し見守る必要がある。

幕府の外交体制　アメリカとの条約に続き、英・仏・蘭・露とも相次いで通商条約が結ばれていった（安政の五か国条約）。諸外国との条約締結は、近代外交体制の構築を迫ることになる。

ハリスが着任すると、老中堀田正睦は外国事務取扱を命じられたが、堀田のもとで実際に外交問題の対処にあたったのは、弘化《こうか》年間（一八四四―四八）以来の海防掛の面々であった。海防掛（海岸防禦掛《かいがんぼうぎょがかり》）は、老中以下、若年寄《わかどしより》・大目付・目付・勘定奉行《かんじょうぶぎょう》等々の各職のなかから指名され、その名が示すとおりに鎖国を前提とした海防担当であった。

安政五年（一八五八）、日米修好通商条約が締結されると、幕府は従来の海防掛をやめ、代わって外国掛を設けて、外国奉行を新設した。

同年七月に置かれた外国奉行は、老中支配、場所高二〇〇〇石《こく》、遠国《おんごく》奉行の上席《じょうせき》とされ、五名の旗本《はたもと》が任命された。外国奉行の配下には、外国奉行支配組頭《くみがしら》以下、調役《しらべやく》、調役並《なみ》、定役元締《さだめやくもとじめ》、定役、同心《どうしん》などの役職が置かれ、外国奉行支配組頭は勘定組頭次席の待遇とされるなど、その格は高く、気鋭の幕臣が登用《とうよう》されていった。

また、往復書翰の取り扱いなど対外交渉の実務に従事するための、翻訳方《ほんやくかた》（翻訳御用）、通弁方《つうべんかた》（通弁御用）、書物方《しょもつかた》（書物御用）などのスタッフが集められた。

このうち翻訳方には、松木弘安《まつきこうあん》（寺島宗則《てらしまむねのり》、薩摩藩）、箕作秋坪《みつくりしゅうへい》（津山藩）、東条英庵《とうじょうえいあん》（長州藩）、原田敬策《はらだけいさく》（岡山藩）などがおり、文久元年（一八六一）には杉田玄端《すぎたげんたん》（小浜《おばま》藩）、高畠五郎《たかはたごろう》（徳島藩）、手塚律蔵《てづかりつぞう》（長州藩、のち佐倉《さくら》藩）、村上英俊《むらかみひでとし》（松代《まつしろ》藩）、箕作秋坪（津山藩）、福沢諭吉《ふくざわゆきち》（中津藩）、木村宗三《きむらしゅうぞう》（幕臣）などの名がある（国立国会図書館所蔵「文久元年白石忠太夫日記」）。いずれも当時一級の洋学者であり、その後も各方面で名を成す面々である。その多くは諸藩の出身であり、幕府はたとえば陪臣《ばいしん》のまま蕃書調所《ばんしょしらべしょ》の教授方に採用し、そこから出役するなどの形式を取って用いることが多かった。

通弁方は森山多吉郎《もりやまたきちろう》、西吉十郎《にしきちじゅうろう》、名村五八郎《なむらごはちろう》をはじめ、長崎通詞《ながさきつうじ》からまわされた者が多い。福地源一郎《ふくちげんいちろう》などもこの系列で外国奉行所に登用された。

このような外交実務を担う外国奉行所（外国方と呼ばれる）の機構とは別に、海防掛に代わって外国掛が老中・若年寄以下の役職に任命され、幕府外交はこの外国方と外国掛を中心とする枠組みのなかで処理されていく。事実上の総責任者である外国掛老中は、諸外国からは「外国事務宰相《さいしょう》 minister of foreign affairs」、すなわち外務大臣として認知され、外国奉行は外務次官 under-secretary に当たるものとされて、governor of foreign affairs などの訳語が当てられたのである。

中央政府としての幕府の外交体制が開国・開港とともに整備されていったのである。

初期外交と開市開港延期問題

各国の公使館は江戸の寺院などを借りて開設された。一八五九年（安政六）に横浜が開港すると、外国人と遭遇する機会も増え、攘夷主義者によるテロ・襲撃事件も相次いだ。なかでも、陽暦一八六一年早々（万延元年十二月）に勃発したヒュースケン暗殺事件（犯人は薩摩藩士柴山愛次郎ら）は、外国代表らに大きな衝撃を与えた。

英国公使オールコックと仏国公使ベルクールは、事件に抗議して江戸の公使館から横浜へ退去した。駐在公使の退去は、場合によっては国交断絶にいたる極めて強い措置であったが、当の米国公使ハリスが幕府に同調して強硬策をとらなかったため、二か月余ののち、公使らは幕府の改善策を受け入れて江戸へ戻ることになった。

ハリスは、さまざまな局面で幕府に対して宥和《ゆうわ》的な態度をとったため、オールコックとはことごとく対立し、一八六二年（文久二）、日本を去ることになる。後任はプリュイン公使であった。

またこのころ、アメリカ本国では南北戦争（一八六一―六五）が勃発し、米国は独自の対日外交をおこなう力もなくなっていた。他の条約国をみても、フランスは英国と協調主義をとり、他はいまだに長崎を拠点とするオランダ、箱館にゴシケヴィッチ領事のみを置くロシアなどであったから、おおむね対日外交の主導権は英国公使オールコックに握られていくようになった。

一方、日本における攘夷主義の高揚に対し、各国代表は中国海域に展開するそれぞれの海軍から、日本海域へ少なくとも一艦を派遣するよう要請し、いわゆる軍艦常駐体制が築かれていく。

文久二年、幕府は「人心不折合い」のために江戸・大坂の開市（外国商人に開くこと）、新潟・兵庫の開港を延期することを条約国へ申し入れ、外国奉行竹内保徳《たけのうちやすのり》を正使とする、いわゆる開市開港延期談判使節を派遣した。英国の駐日公使オールコックもこのときはこの要求を認め、彼自身が賜暇《しか》を得て本国へ戻り、使節の受け入れにつとめるなど、条約各国に先んじて幕府への妥協策に協力した。日本使節にヨーロッパの進んだ文明を見学させ、開明派を育成することが大事だとオールコックは本国へ書き送っている。

竹内使節団はヨーロッパ条約国を遍歴して交渉をおこない、条約諸国は開市開港の五年間延長に合意することになる。

相次ぐテロ・襲撃事件

しかし、一度火がついた攘夷運動は激化の一途をたどっていた。表4（次頁）は、この間の外国人襲撃事件の一覧である。ヒュースケン暗殺のように、日本語通訳として外交折衝で重要な役割を果たした者が真っ先に狙われたが、なかには酒に酔って異人斬りの対象になった者もあった。薩摩藩などは、いち早く犯人を本国へ返し、しばらく江戸詰めから外すなど、藩をあげて隠蔽《いんぺい》したため、犯人が捕縛される可能性はほとんどなかった。

幕府は外国人襲撃から護るため、各国公使館を一か所にまとめて警備を強化しようと試み、文久元年五月二八日（一八六一年七月四日）の水戸浪士《みとろうし》らによる英国公使館（東禅寺《とうぜんじ》）襲撃事件は、この計画を急がせることになった。当初は江戸の東側、深川《ふかがわ》あたりも候補に選ばれたが、最終的に建設がはじめられたのは品川御殿山《しながわごてんやま》であった。

表4　開港直後の外国人襲撃事件

年月日	西暦	内容
安政六年七月二十七日	一八五九	露国海軍見習士官モフェト・水兵二名が、横浜で殺傷される
安政六年十月十一日	一八五九	仏国領事代理の中国人召使が、横浜で斬殺される
万延元年一月七日	一八六〇	英国総領事館の通弁伝吉が殺害される
万延元年二月四日	一八六〇	蘭国商船長デ・フォス、同デッケルが、横浜で斬殺される
万延元年九月十七日	一八六〇	仏国公使館旗番ナタールが、襲撃され負傷
万延元年十二月五日	一八六〇	米国公使館通弁官ヒュースケンが、暗殺される
文久元年五月二十八日	一八六一	英国仮公使館東禅寺が襲撃され、書記官オリファントらが負傷（東禅寺事件）
文久二年五月二十九日	一八六二	東禅寺を護衛する松本藩士伊藤軍兵衛が、英人二人を斬殺（第二次東禅寺事件）
文久二年八月二十一日	一八六二	薩摩藩島津久光の供侍が英国商人らを襲撃し、リチャードソンが殺害される（生麦事件）

新たに建設された英国公使館は、東海道品川宿《とうかいどうしながわじゅく》を見下ろす総面積一万八〇〇〇坪の敷地に置かれ、正面六〇メートル・奥行き四〇メートルほどの広壮な洋風建築であった。建物は文久二年秋には完成し、付属施設の建設がおこなわれるとともに引渡し交渉が開始された。その姿

は品川の海からはっきりと見ることが出来たという。

しかし一二月一二日（一八六三年一月三一日）未明、この洋風建築も長州藩尊攘《そんじよう》派の高《たか》杉晋作《すぎしんさく》、井上馨《いのうえかおる》、伊藤博文《いとうひろぶみ》らによる焼討ちにあい、あっけなく焼失することになる。

外国代表の身分や安全の確保は、駐劄《ちゆうさつ》を認めた条約上の当然の義務であり、同じように外国人居留民の生命と財産の保護にも幕府は責任を負っていた。しかしテロ・襲撃事件の犯人に対する各国の追及に対し、幕府は攘夷激派の暗躍を抑え込む策を持たなかった。

英国の懲罰計画

文久二年五月（一八六二年六月）、英国仮公使館に対する二度目の襲撃事件（第二次東禅寺事件）が起こっている。今回の襲撃者は、公使館警備にあたった松本藩士（伊藤軍兵衛）であった。この事件のあたりから、英国の疑念は幕府自身に向けられるようになった。

八月四日（一八六二年八月二八日）、渤海湾《ぼつかい》の芝罘《チーフー》にいた海軍司令長官ホープ中将は、場合によっては江戸・長崎と瀬戸内海を封鎖して幕府に圧力をかけること、その次はさらに江戸前面の台場を破壊するなどの強制手段に出ることを提案した。海上封鎖は、圧倒的な海軍力を前提に、要所に軍艦を配置して敵国艦船を拿捕《だほ》し、海上の物流を断つ作戦である。ホープは、自分の後任として本国から到着したばかりのキューパー少将を江戸湾へ派遣し、

図5　ラッセル外相
1792-1878．ホイッグ党（のちの自由党）で大臣，首相（1846-52，65-66）を歴任．選挙権拡大や自由主義政策を推進．

日本における海上封鎖の有効性について調査させることにした。
一方、英本国では、ラッセル外相から駐日代理公使へ訓令を送り、「（日本が）不安全だという意識がついに英国政府に江戸を断念させ、次第に貿易禁止と不交際の古い慣行を再構築できるのではないかというひそかな希望に彼ら〔幕府〕がひたっていると推量されるようだ」とさえ指摘した（英国外務省史料）。ここには、テロ・襲撃事件に対する幕府の無策ぶりが、鎖国回帰を狙ったサボタージュなのではないかという露骨な不信感が示されている。ラッセルは中国ステーションの英国海軍が必要な措置をとることを期待すると述べ、武力による対抗措置を講じることになった。

文久二年八月二一日（一八六二年九月一四日）、キューパー搭乗の蒸気フリゲート艦ユーリアラス号が横浜に到着した。ところがこの日こそ、生麦《なまむぎ》事件勃発のまさに当日であった。英国商人の一行が、薩摩藩島津《しまづ》久光《ひさみつ》（藩主の父）の行列をさえぎったとして襲撃され、リチャードソンが殺害された事件である。

キューパーはただちに幕府への懲罰手段について調査を開始し、港そのものの封鎖は不可能であり、江戸湾の場合も拿捕《だほ》・抑留船は破壊すべきこと、江戸は北方からの海運はほとんどなく、下田《しもだ》沖を押さえれば十分であること、和船航路は瀬戸内を経由しており、ここを押さえれば内国貿易を握れること、江戸の人口（キューパーは三〇〇万人としている）を支える米穀はほとんどが西南諸州で生産され、陸上輸送路（東海道）は海に面していることなどをあげ、瀬戸内海の入り口にあたる数ポイントを封鎖するべきだと報告した（一八六二年一〇月一六日）。封鎖作戦の有効性が確認され、具体案が検討されることになったのである。

生麦事件と賠償請求

生麦事件の発生は、それまでの攘夷テロが外交官や軍人を対象としていたのに対し、はじめて民間商人が被害者となったことで、居留民社会に大きな衝撃を与えた。事件直後、即時報復を主張し、保土谷《ほどがや》の島津久光一行を攻撃するとまで主張した居留民社会に対し、英国の代理公使ニールは冷静な対処をおこない、本国の判断を待った。

英本国政府はニールの対応を称賛するとともに、翌年早々、犯人の処罰と賠償請求など、幕府と薩摩藩の双方に対して要求を突きつけることを命じてきた。

一八六三年二月二三日のタイムズ紙はこう書いている（内川芳美・宮地正人監修『国際ニュース事典　外国新聞に見る日本』）。

日本での情勢について議会に提出された文書によれば、九月に起こったリチャードソン氏の殺害により、われわれは最近まで日本とあやうく戦争をするところだったことが分かる……。外国人居留民はイギリス領事を議長として深夜の集会を開き、そこで犯人を含む日本人一行は神奈川からほど遠からぬ地点に宿泊していることが報告され、その大名自身か高官たちの身柄を拘束するため、海軍当局に兵一〇〇〇人の上陸を要請することを満場一致で議決した。当時、港内にはイギリス軍艦四隻、フランス艦三隻とオランダ艦一隻が停泊していた。そこで代表団が直ちにイギリス艦ユーリアラス号に赴き、キューパー司令長官を起こして事情を説明した。同長官は即時外交代表や外国海軍司令官らと相談すると回答したが、まだ数時間前に到着したばかりで現地の事情にもうといから、イギリスの代理公使とまず相談することなく積極的な措置をとることは許されないと考えた。そこで午前六時にフランス公使の公邸で会合が開かれた。イギリスの代理公使ニール大佐は、提議された強制措置は全く実行不可能であり、日本政府に通告することなく戦闘を開始するに等しく、こうしたやり方は到底正当化できないし、イギリス政府をその考えてもいない行動にむりやり引き込むことになる、として反対した。

英国政府の要求は、幕府に対して謝罪と賠償金一〇万《ポンド》、薩摩藩に対しては犯人の処刑と賠償金二万五〇〇〇《ポンド》などを求めるものだった。

英国の海上封鎖作戦

生麦事件の発生は、海軍の封鎖計画を急がせることになった。キューパーの報告を受け、一八六二年一〇月一八日（文久二年閏八月二五日）、ホープは呉淞《ウースン》からただちに計画成案を本国海軍省へ送付した（石井孝『増訂明治維新の国際的環境』）。

ただし長崎封鎖に関しては、張り巡らされた砲台網の破壊が前提だとしたキューパーの意見を容《い》れて、計画から外された。

用いる軍艦は左記のように計九隻であり、その配置場所は六か所、江戸湾と瀬戸内海を封鎖する作戦であった。この結果、日本の国内輸送は麻痺《まひ》し、とくに江戸市民の需要をまかなう米穀供給を断つ「きわめて有効な強圧手段」と上申された（英国海軍省史料）。

一、浦賀水道《うらがすいどう》の入り口（江戸湾封鎖用）　通報艦一
二、紀伊《きい》水道の東側入り口　八〇馬力砲艦一
　同西側入り口　通報艦一
三、豊後《ぶんご》水道　八〇馬力砲艦一
四、下関海峡　通報艦一
　（一～四で瀬戸内海封鎖）
五、Nano島沖〔位置不明〕〔瀬戸内の島と思われる〕　六〇馬力砲艦一
　（瀬戸内海経由の交通遮断）
六、交替用　八〇馬力砲艦一
　同　六〇馬力砲艦一

七、石炭・糧食の供給維持、〃マニラ〃か〃ヘスパー〃　蒸気輸送艦一

通報艦　三
砲艦、八〇馬力　三
同、六〇馬力　二
蒸気輸送艦　一
計　九

ホープ提案が英本国に届くと、ラッセル外相はこれを王室法律顧問へ問い合わせて、日本沿岸の封鎖が国際法的観点からみて問題がないかどうか確認している。その結果、捕獲した日本船艦の審検所（国際裁判所に相当）を香港に設けることなどが提起され、一八六三年一月九日（文久二年一一月二〇日）、一連の勅令案が枢密院《すうみついん》会議に上程された。そしてヴィクトリア女王の裁可を得、日本沿岸封鎖作戦はいつでも発動できるものになった（石井孝「幕末期における英国海軍の日本封鎖計画」『歴史地理』七六―一・二、一九四〇年）。

作戦の名目は、いつの間にか生麦におけるリチャードソン殺害の賠償請求が表に出るかたちになった。居留民の生命・財産の安全を確保することは、国家の使命であり、そのための武力発動であれば本国議会に対しても容易に説明できるからである。

一八六三年三月一四日（文久三年一月二五日）、ラッセル外相の訓令がニールのもとに到着した。二二日（同二月四日）には旗艦ユーリアラスが僚艦二艦とともに横浜へ入港し、さらに相次いで中国艦隊の軍艦がこれに加わった。

その後、英国は、日本との開戦の際には小笠原《おがさわら》諸島（Port Lloyd）を拠点として占拠する権限を現地海軍に与えている。軍艦の威圧のもと幕府との交渉が開始されたのである。

幕府の鎖港方針

幕府の方針転換

一方、日本側では、条約各国の予想をこえた事態が進行していた。文久《ぶんきゅう》二年（一八六二）秋、政事総裁職《せいじそうさいしょく》松平慶永《まつだいらよしなが》（春嶽《しゅんがく》、福井藩主）は、開国説を枉《ま》げて「破約攘《じょう》夷《い》」を唱え、さらに勅使《ちょくし》三条実美《さんじょうさねとみ》らが江戸へ下向して攘夷実行を幕府へ迫った。結局、攘夷運動の高揚に対して幕府は政治的に追い詰められ、将軍家茂《いえもち》自ら上京し、朝廷へ攘夷の誓約をおこなうことになった。

文久三年三月、朝廷はこれまで通り征夷将軍に委任するから攘夷に忠節を尽くすよう勅書を発し、国事《こくじ》については朝廷から諸藩へ直に達することもありうるとした（文久国是《こくぜ》）。三月一九日、幕府は攘夷の勅を奉戴《ほうたい》することを全国に布告、四月二〇日には攘夷期限を五月一〇日とすることを上奏した。もっとも無謀な攘夷は許さず、先制発砲は禁止された。

当時の幕府は大方開国派が占めており、攘夷の名のもとに鎖港談判《さこうだんぱん》に取り掛かっては「たちまち兵端《へいたん》相開き候は必然の理《ことわり》」であり、開戦すれば西洋諸国を一手に相手にすることになって勝算はなく、「皇国の興廃」に関わる大事件だと指摘した（五月一四日付大目付・目付上申書、小野正雄監修・稲垣敏子解読『杉浦梅潭目付日記《すぎうらばいたんめつけにっき》・箱館奉行日記』）。〝戦争には勝てない〟というのが幕閣内の大方の意見であった。

朝廷から攘夷を迫られる一方で戦争しては勝てないという状況下、幕府が採用したのは、攘夷の実行という朝廷の意志を奉じて（奉勅攘夷《ほうちょくじょうい》）政務を委任されるかたちを作り、実質的には武力衝突（戦争）を回避しようという苦肉の策だった。軍事的に優位な列強各国との戦争は断じて避けなければならない。幕府は徹底した避戦方針をとる一方で、攘夷実行の具体的中身を交渉による横浜鎖港の実現にすり替えようとしていたのである（小野正雄『幕藩権力解体過程の研究』）。

ところが、攘夷派の鼻息は荒く、英国の賠償金要求も否定され、容易には支払いも出来なかった。江戸の留守幕閣の議論は因循《いんじゅん》をかさね、日英関係はいよいよ断行寸前に追い込まれていく。

日英断交の危機

一八六三年四月九日（文久三年二月二二日）、英国代理公使ニールは賠償金支払いの回答期限を二〇日とする最後通牒《さいごつうちょう》を発していたが、三回にわたって賠償金支払いは延期されることになった。

このころ外国の新聞では、対日戦争必至の記事がとびかうようになる（内川芳美・宮地正人監修『国際ニュース事典　外国新聞に見る日本』）。

一八六三年五月九日（文久三月二二日）、上海《シャンハイ》発行のノース・チャイナ・ヘラルド紙は、「もし日本における戦争突入が避けられないことならば、たとえそれが、在日外国人社会の利益を一時的にどれほど大きく損なおうとも、必ず最終的には、条約によって保証された諸特権のよりよい理解をもたらすことになるだろう」と述べた。

日英間の情報伝達は早くとも一か月半かかる。同じ情報は六月二九日（同五月一四日）になって英本国に伝わり、タイムズ紙は、「もし日本と戦争をするならば、――そしてだれもが戦争になるに違いないと思ってきたのだが――人道的で経済的にやる唯一の方法は短期決戦をすることだ」と主張した。中国のように沿岸での示威《じい》行動を繰り返すだけでは、「大変長期の莫大な費用のかかる仕事をしょい込むことになる」とも書いている。

一八六三年七月二一日（文久三年六月六日）の下院議会では、「日本に敵対行為をとる正当な理由があるのか、しかも本国からの指示なしに宣戦布告することが許されているのかどうかについて、責任当局の意見を聞きたい」とする保守党議員からの動議に対し、「罪のないイギリス人に加えられた、こういうわれのない暴力行為に対して賠償要求をするのが政府の果たすべき義務である」と政府側は反論している。事態は上下両院議会で取り上げられ、自由党政府は、条約の誠実な履行をおこなわせるためにも賠償要求が正当であることを力説した。この結果、下院では野党側は動議そのものを取り下げた。武力を背景とする賠償請求は当然の対応だと考えられたのであった。

江戸は大騒ぎ

一方、江戸では、幕府が大名・旗本《はたもと》へ有事に備えるよう命じ、市中へは外国と開戦するかもしれない状況を告げていた。

文久三年三月五日、英国軍艦数艘が来航し、応接の様子によっては開戦する可能性があると大名・旗本へ触れ出された。同日、市中へは動揺しないよう町触《まちぶれ》が出されたが、一二日になるとさらに、女・子供・老人や病人は勝手次第に避難するよう命じた。ただし町触には開戦の文言はなく、ただ火急の場合と説明するだけであった（幕末御触書集成）。

異国船数艘横浜表へ停泊いたし候につき、去る五日触れ示し置き候ところ、この上の模様も計りがたく、就《つ》いては市中の女・子どもならびに老弱・病者等の類、火急の場

> 合にいたり、一時に騒ぎ立て候ては混雑をも生ずべきやにつき、この節より在方《ざいかた》所縁これ有る者どもは、追々立ち退き候とも勝手次第いたすべし

文久三年四月二一日、幕府はさらに大名・旗本へ触れ達し、「鎖港談判《さこうだんぱん》」をおこなうことを告げた（同前）。

> 今度英国軍艦渡来の主意、曲直《きょくちょく》を正し名義を明らかにし、随《したが》いて鎖港の談判に及ぶべく候あいだ、右談判中は家来下々まで無謀・過激の所業これ無きようよくよく申し付くべく、時宜《じぎ》により戦争と相成り候節は、一心一同御国威相立ち候よう、前もって銘々覚悟これ有るべく候

ここでも「無謀・過激の所業」は禁じられ、それでもなお開戦にいたった場合を覚悟せよと命じていた。鎖港交渉中の挑発行為やテロ襲撃、先制攻撃を厳しく戒めたのである。

この内容は、翌々日、市中にも触れ出された。今度は「鎖港の応接に取り懸り候上は、品《しな》により兵端《へいたん》を開くまじくも申しがたし」と、開戦の可能性を告げ、機に乗じた無頼無宿《ぶらいむしゅく》の乱妨狼藉《らんぼうろうぜき》を取り締まるよう命じたものだった（同前）。

英国代理公使ニールは、この町触をひそかに入手し翻訳させていた。しかし彼はこの段階で、日本側が鎖港談判をおこなうということの意味をとくに理解しなかったようだ。ニ

ールは、英国海軍中国艦隊の司令長官キューパーへ、幕府の主な標的が、「すべての開港地ではないにせよ、きっと横浜を自発的な廃止に持っていくか、外国人排斥を強要するか」にあるのだと注意を喚起するにとどめている（英国外務省史料）。

賠償金の支払い

文久三年五月二日（一八六三年六月一七日）、業を煮やしたニールは、神奈川奉行浅野氏祐《あさのうじすけ》との賠償金支払い交渉を打ち切り、一二時間の猶予ののち、事態を海軍司令官に委ねると通告した。これは最後通牒そのものである。浅野はただちに江戸へ向かい、事態を急報したが、それでも幕議は決しなかった。五月五日（六月二〇日）、ニールはキューパーに書翰を発し、その判断次第でいつでも武力発動をおこなうよう対応を委ねた。

緊張は次第に高まってきた。この日ついに、「英夷一条追々切迫《せっぱく》に及び候については、模様により今晩にも兵端を開き候儀もこれ有るべく候あいだ、銘々覚悟これ有るべく候」（同前）と大名・旗本へ触れ回された。市中に対しては、品川から芝の海岸沿いの老若・病気の者はただちに立ち退けと命じられた。また他町の者にも動揺を戒める通告があった。いよいよ臨戦態勢である。

このとき、幕府内では賠償金支払いの是非をめぐって議論が続いていた。賠償金支払論の中心は、前年の文久二年九月、幕閣と衝突して隠居したもと外国奉行水野忠徳《みずのただのり》（隠居して癡雲《ちうん》）であったという。その後、外交問題の相談役を命じられていた水野は、必死に幕閣へ賠償金支払いを説き、五月八日、老中格小笠原長行《ろうじゅうかくおがさわらながみち》とともにみずから品川沖の幕府軍艦蟠龍丸《ばんりゅうまる》に搭乗して横浜へ向かった。翌九日、小笠原の独断というかたちで、生麦《なまむぎ》事件および東禅寺《とうぜんじ》事件の賠償金四四万ドルが英国公使館へ支払われることになった。

英国側はこの支払いに満足し、海軍司令官への要請を撤回する。かくして、テロ襲撃事件に端を発した日英断交の危機は去ったかに思われたが、しかし、小笠原はもうひとつの火種を持ち込むことになった。

鎖港要求の伝達

文久三年五月九日（一八六三年六月二四日）、英国への賠償金支払いをおこなう一方で、老中格小笠原長行は代理公使ニール宛に以下のような書翰を手渡した（早稲田大学中央図書館所蔵　英国大使館文書、傍線筆者）。

書翰を以って申し入れ候、邦内の人心外交を欲せざるに付き、外国人を却《しりぞ》け、港を鎖《と》ざすべき旨、京師《けいし》より台命《たいめい》にて、右応接の儀、自分へ御委任に相成り候あいだ、委曲面談に及ぶべく候えども、まずこの段申し達し置き候、拝具謹言

文久三年五月九日　　小笠原図書頭《ずしょのかみ》（花押）

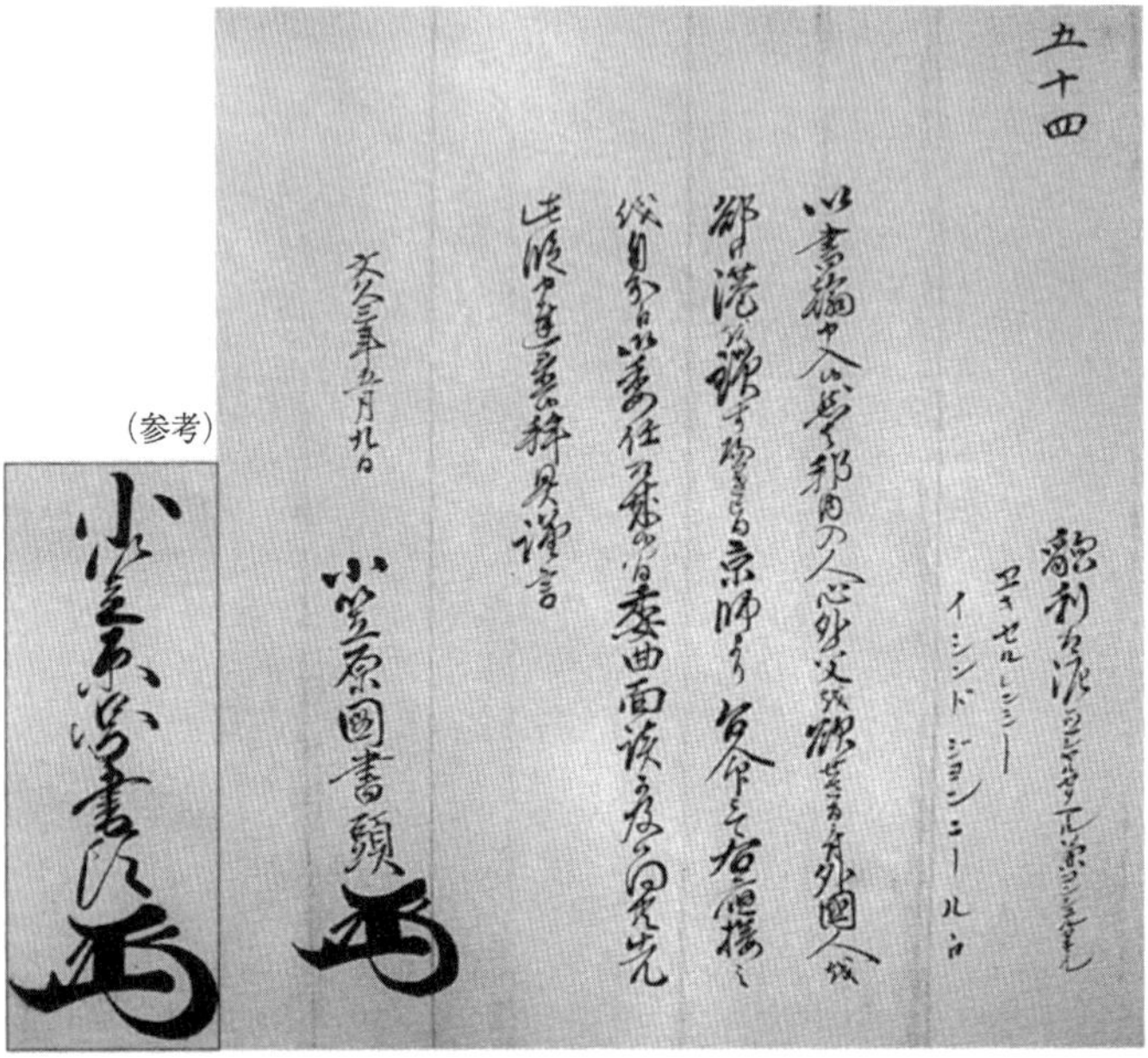

図6　ニール宛て小笠原長行の書翰

文久3年5月9日付で，老中小笠原長行が英国ニール代理公使に宛てて出した書翰．幕府から公式に初めて提出された「鎖港要求」であった．手書きであるため，花押の形が，スタンプ中塗りのもの（左）とは異なっている（早稲田大学中央図書館所蔵 英国大使館文書）．

国内の人心が外交を望まないので、外国人を追放して貿易港を閉鎖したい、そのために委任された交渉を予告するという内容である。「予告」とはいえ、これは幕府から公式に提出された初めての鎖港要求であった。

英国公使館では、事の重大性にかんがみ、幕府から提出された書翰を三通りに翻訳させ、本国へ報知している。なかなかおもしろい結果になるので紹介してみたい（英国外務省史料、一八六三年六月二四日）。

①The orders of the Tycoon received from Kioto, are to the effect that the ports are to be closed and the foreigners driven out, ……

②I have received orders from H. M's the Tycoon, now residing at Kioto, to remove Foreigners and close the ports ……

③I have been instructed by the H. M. the Tycoon, who is now at Miako, and who received this order from the Mikado, to close the opened Ports and to remove the subjects of treaty Powers ……

①から③に示したのは、いずれも和文書翰の傍線部にあたる部分である。

訳文①は、アーネスト・サトウ、②はアレクサンダー・シーボルトによる翻訳である。

いうまでもなく、サトウは明治になって駐日特命全権公使になる人物だが、当時は二〇歳そこそこの書記生である。サトウ自身も初めての大役で、「その時のうれしさは決して忘れられない」と回想録に記している（坂田精一訳『一外交官の見た明治維新』岩波文庫、一九六〇年）。また、シーボルトはかつてシーボルト事件で日本を追放されたフランツ・フォン・シーボルトの長男であり、まだ一六歳。オールコックが推挙し、英国公使館で採用していたのである。

問題は③の訳文であった。①②は和文からの翻訳だが、③は副領事ユースデンが日本側の添付した蘭訳書翰を訳したものだった。和文書翰では、この訓令が「台命」つまり将軍の意志であるとのみ記されていたのに対し、③の蘭訳書翰では、それがミカド、つまり天皇から将軍へ下されたものだ（③波線部）と書かれていたのである。これは、日本側が実際に提出したオリジナルの蘭訳書翰③のみに、和文書翰とは異なり、「ミカドから下された命令」とオランダ語で明記されていたのであり、③の翻訳は正確だった。

ニールはこの三通りの訳文のうち、③を筆頭にして本国へ報告した。③に日本側の本意が顕れていると判断したのである。

この点について確認するため、ニールは同日、さらに小笠原へ書翰を出して問い合わせた。翌日届けられた回答の書翰には、「京師よりの台命（将軍の命令）」という場合には、明示されなくとも勅意を奉じて大君が命じたものだと説明された。わが国では「京師より」と称しただけで「（皇帝の）詔」であることは判然としているので、あえて明記しなかったというのである（一〇日付小笠原書翰、早稲田大学中央図書館所蔵 英国大使館文書）。

将軍が天皇の命を奉じて攘夷主義にしたがったことは、幕府が無理に隠すまでもなく、いずれ英国側にも伝わるはずだった。このやりとりを見るかぎり、小笠原の側は隠すのではなく、むしろ逆に京都朝廷の関与を強調する意図があったようだ。あるいは、表向きは隠蔽《いんぺい》した形式をとり、相手が問い合わせたので回答するということにしたかったのかもしれない。

いずれにせよ、幕府の背後にある天皇・朝廷の存在が伝わった以上、ニール公使は幕府を通じて、天皇・将軍の両者を相手にする態度を明確にすることになった。

同様の書翰は各国に手交された。いったん開いた貿易港を再び鎖《とざ》したいという、条約諸国からすれば許しがたい要求が初めて表明されたことに対し、各国は厳しい対応を迫ることになった。

三〇日以内の外国人追放令

では、将軍家茂《いえもち》が実際に朝廷から命じられた指示はどのようなものだったのだろうか。四月下旬、江戸幕閣に対し、在京の将軍家茂の名で外国代表へ通告するよう命じられた達書は、実は以下のようなものだった（小野正雄『幕藩権力解体過程の研究』）。

昨年朝廷より外国和親交易拒絶の詔これあり、これまで取り計らい方宜しからざる役人ども、それぞれ厳罰を相加え候あいだ、その方どもも長崎・箱館・横浜三港商館およそ三十日までに引き払い、壱人も残らざるよう帰国致すべく候、もし違背《いはい》に於いては一戦に及ぶべく候条、その意を得申すべく候こと

これは、外国との和親も通商（交易）も拒絶するという攘夷の詔勅《しょうちょく》に従い、外国人へ三〇日以内に居留地を引き払うよう命じ、さらに従わなければ武力に訴えるという乱暴な通告である。

このような通達をそのまま外国へ伝えたら、即戦争となることは間違いない。仰天した在府老中らは、これが本当に将軍家茂から出たものかどうかを疑い、隠密《おんみつ》であることを注記して大名へ廻達した（維新史料稿本）。

右の通りには候えども、第一〔将軍が在京していて〕御留守中と申し、ことに和蘭《オランダ》も

同様の御処置に相成り候儀は御主意柄相分かりがたく候……

そもそもこれまで付き合いのあるオランダすら同様に追放対象にするのか、それでは筋が通らない、将軍の意図がわからないというわけだ。

しかし攘夷実行の命を帯びて、将軍後見職《こうけんしょく》徳川（一橋）慶喜《よしのぶ》が江戸へ向かっていた。さきに述べたように、小笠原の独断で賠償金を支払うのも慶喜がやってくる前でなければならなかった。そこで小笠原らは慶喜と鉢合わせをしないように、海路横浜へ向かい、交渉予告というかたちで鎖港要求を伝達することになった。

実際に差し出されたオリジナルの書翰を子細にみると、通常は老中連署となるべきところが小笠原の単独署名であり、しかも花押《かおう》は手書きで変形している。これは正規の手続きを経て作成された老中書翰とは思われず、出張先で臨機に整えたものだったのである。

必死の幕府外交

ところで「三〇日以内の外国人追放令」があったこと自体は、フランス公使ベルクールからすぐに各国へ伝えられることになった。どうしてそうなったのか。これは幕府有司の必死の外交工作の結果であった。

この点については、石井孝の研究にも詳しいが、ここではアラン・コルナイユと矢田部厚彦（編訳）が紹介した史料訳文（ベルクール公使の本国宛報告、仏国外務省史料）から追いかけてみよう。

文久三年五月五日（一八六三年六月二〇日）、横浜のフランス公使館を神奈川奉行浅野氏祐・山口直毅が訪問した。英国への賠償金頒布の四日前である。ベルクールと海軍司令ジョレス准将が応接すると、奉行らは極秘事項であり、他言無用と念を押しつつ、国内政局が幕府と朝廷に二元化し、朝廷が攘夷を唱える浪人たちに加担していることが問題だと説明した。そして英国と戦火を交えた際の横浜防衛のあり方について話し合った。この会談の最後に奉行は次のように発言したという（コルネイユ著・矢田部編訳『幕末のフランス外交官―初代駐日公使ベルクール―』）。

一言付け加えたい。実は、小笠原図書頭は、横浜から外国人を追放するという命令を受けて、数日前京都から帰ったばかりであるが、明日ないし明後日に帰府予定の一橋慶喜は、横浜だけでなく、長崎、箱館からも外国人を追い出すことを命令された。われわれが数日前に受け取った老中からの書面では、外国人に三十日以内に日本から立ち退くよう通告すべきところであるが、あまりに重大な問題なので、事前にもう一度京都に伺いを立てるから、外国人への通告をしばらく見合わせよということであった。

ジョレスはただちに、それでは全面戦争となり、諸外国に分割されて日本は悲劇的なことになる、日本は滅亡であると警告を発し、奉行は、一橋（徳川慶喜）も小笠原も「命令の実行を回避するだろう」と述べた。

翌日も翌々日も、神奈川奉行らは公使館を訪れ、英国への賠償金支払いとともに小笠原から「将軍が鎖港と外国人退去の命令を受けていると宣告する」ことを告げた。ただしこれはあくまでも「（攘夷派の）日本人を騙すために必要な計略」であり、「実行する意思のない命令を布告するだけである」と説いたのである。

そしてその証拠として、小笠原が「日本を開化させる目的で京都へ行く」秘密計画を打ち明けた（コルネイユ・矢田部、同前）。

老中小笠原は、すぐ京都へ行くことになっている。そこで彼は、朝廷と議論し、朝廷が説得されないなら、力で説得する方法を見つけるだろう。それは、たしかに困難な事業で、失敗すれば、将軍の命はないだろう。しかしやってみなければならない。

ここでフランス側に打ち明けられているのは、小笠原の率兵上京《そっぺいじょうきょう》計画である。賠償金支払いの前後もこのような秘密工作が続けられ、奉行らは次のような依頼をおこなった（コルネイユ・矢田部、同前）。

他国の公使や領事たちには、この計画（率兵上京）について、フランス公使からしかるべく説明し、追放令と聞いて当然予想される動揺を緩和するよう取り計らいをお願いしたい。小笠原計画について説明がなければ、動揺が起こるのは当然だからである。さらに、「とくに米国公使《プリュイン》は、（鎖港の）布告書に憤慨《ふんがい》して、戦闘を始めないとは限らないと心配だ」と念を押した。攘夷派に対して外国人追放の無謀さを知らしめるために、回答はその憤懣《ふんまん》がよくわかるように書いてくれとも依頼した。

小笠原による英国への賠償金支払いと鎖港要求（外国人追放令）の伝達、率兵上京計画の提供という一連の「秘密」外交工作は、いずれもフランス公使を引き込み、「外国人追放がたんに見せかけだけのものである」（石井孝『増訂明治維新の国際的環境』）と諸外国へ信じ込ませ、開戦の危機を回避しようとしたものであった。

仏国公使ベルクールは、このような「秘密」外交を自国への信頼に基づく成果と感じていたようだ。しかし英国代理公使ニールは、こうしたベルクール情報をも「大君政府の実施する一連の詐欺・謀略の一部をなすにすぎないのかもしれない」と疑っていた（石井孝、同前）。元来、ベルクールが収集した情報はそれまでも怪しいものばかりで、おいそれと信用できるものではなかったのである。

列強の厳しい反応

ともあれ、予想されたように鎖港要求の予告にかんする各国の返書はきわめて厳しい文言で綴られていた。

英国公使ニールの返書（同日付）は、こうした通告が生む「不幸な結果」を「精神的君主・世俗的君主」の双方ともに知らないのだと指摘し、次のように記した（英国外務省史料）。

かかる無謀な通告は、文明国と非文明国を問わず、世界史上その比をみないものである。それは事実上、締約《ていやく》国全体に対する宣戦布告であって、ただちに取り止めるのでなければ、もっとも厳酷でかつもっとも効果的な懲罰によって償われるであろう。

ニールは、これを将軍から天皇に伝達するよう告げるのである。

仏国公使の返事も「国際法の侵害」と指摘するものだったが、米国公使プリュインの返書はさらに過激で、このような提案は「宣戦布告に等しい」とし、「勝利を望むのはまったくばかげており、この繁栄する帝国に荒廃をもたらすだけ」と宣告した。

幕府の鎖港方針はきっぱりと拒絶され、さらに条約の一方的破棄は国際慣行にしたがえば戦争挑発行為だと決めつけられたのである。

さきにも述べたように、小笠原閣老は徳川慶喜を避け、賠償金支払いのために海路横浜へ向かった。一連の過程の謀主とされた水野忠徳が同行したことは、「昨夜、図書頭殿（小笠原長行）突然揚帆、癡雲（水野忠徳）随従し、横浜へ一旦上陸、英公使へ応接」（外国奉行柴田剛中日記）とあることによっても確認できる。

「率兵上京」計画の挫折

諸国へ秘密裡に告げたように、小笠原は英国の蒸気商船を借り上げ、兵一〇〇〇名を率いて海路大坂へ向かった。一説には歩兵・騎兵合わせて一六〇〇とも二〇〇〇ともいわれる大兵力であった。この率兵上京は、一般に対京都クーデター計画であったともいわれるが、果たしてそこまでの見通しがあったかどうかはわからない。京都で人質同様に「拘束」されている将軍家茂の帰府をうながす目的にすぎなかったとも考えられる。

しかし混乱を恐れた在京幕閣により、小笠原らの入京は拒絶され、兵力は淀《よど》で止められた。小笠原もついに職を免じられ、処罰された。この年七月から八月にかけて、一連の経緯に関与した若年寄や神奈川奉行浅野・山口らも次々と罷免《ひめん》されることになった。列強に提示された秘密計画は破綻《はたん》し、各国には鎖港と外国人追放の予告のみが公式に残されるかたちになったのである。

武力衝突

攘夷令と砲撃事件

一方、破約攘夷《じょうい》を主張する激派の長州藩《ちょうしゅうはん》は、実力行使に出て、攘夷期限の文久《ぶんきゅう》三年五月一〇日（一八六三年六月二五日）、下関《しものせき》海峡に設置した砲台群と外国から購入した軍艦などを用いて外国船への砲撃を開始した。

この日、下関海峡で最初に砲撃をうけたのは米国商船ペンブローク（一二四一トン）であった。豊後《ぶんご》海峡に回避して上海《シャンハイ》に避難したペンブロークは、上海駐在領事シュワードを介して長崎領事ウォルシュに事件を報知、ウォルシュからプリュインへ報告が出されている（米国国務省史料）。船主のラッセル社は損害賠償額一万ドルを申告した。

長州藩は続いて五月二三日（一八六三年七月八日）、仏国軍艦キャンシャンを砲撃した。

キャンシャンは小艦でさしたる武装もなく、一二発の砲弾をかいくぐり長崎へ逃れた。途上、オランダ軍艦メデューサ号に遭い、艦長ラフォン大尉は横浜のジョレス提督への報告を託した。

長崎から横浜へ向かっていたメデューサ号（一七〇〇トン）は新任のポルスブルック総領事を乗せ、五月二六日（一八六三年七月一一日）、海峡にさしかかった。オランダは日本との交際も長く、攻撃を受けるとは予想していなかった。カセムブロート艦長は次のように記している（メデューサ号日本航海記）。

驚いたことには、市街《下関》西方の大砲台及びこの二隻の船から我が方に向って突然実弾を発射した。我々は直ちに応戦の火蓋を切り、忽《たちま》ち敵艦をやっつけてしまった。彼我《ひが》の距離は僅か二ケーブル半（四六〇メートル）に過ぎなかったのである。私は敵艦を撃沈するためにこれに接近することを命じた。ところが水深が六尋《ひろ》半から三尋四分の一となってしまった。日本人の水先案内はすっかり狼狽して、坐洲する危険があるからすぐに引返す様にと頻りに合図をした。此の時他の二ヶ所の砲台も又メデューサ号を攻撃して来た。これ等の砲台は町の東部、十四メートルの高さの所にあった。西部の大砲台から打出す砲弾は既に我が艦の船体に命中し始めたので、この砲台に向って射撃をなす様

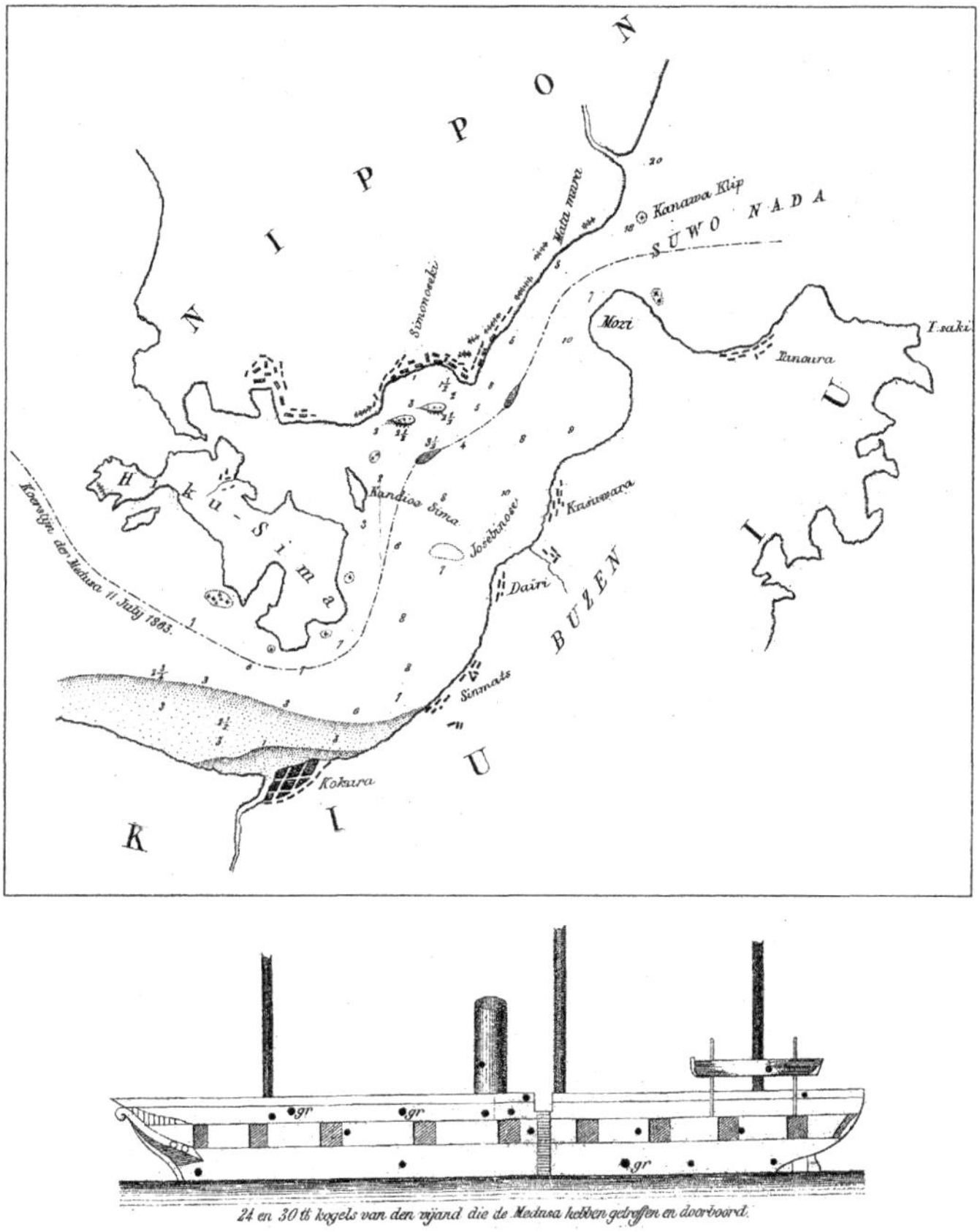

図７　メデューサ艦の航跡（上図）と被弾箇所（下）
Casembroot : *De Medusa van Wateren van Japan in 1863 en 1864*（Gravenhage, 1865）付図．黒丸が被弾箇所．

に私は命じた。敵艦二隻を撃沈することは断念しなければならなかった。メデューサは、下関の潮流に逆らって進んだため、海峡通過に手間取り、一時間半にわたって長州側の砲撃をうけた。しかしただちに反撃に転じ、長州の軍艦と砲台にダメージを与えたが、自身も大小三〇発以上被弾し（図7参照）、四人が死亡した。壮絶な戦いだったが、メデューサは海峡を回避しようとはしなかったのである。

列強の報復攻撃

攻撃をうけた各国はただちに反撃を開始した。その一番手は、当時日本海域にあったアメリカの蒸気軍艦ワイオミン

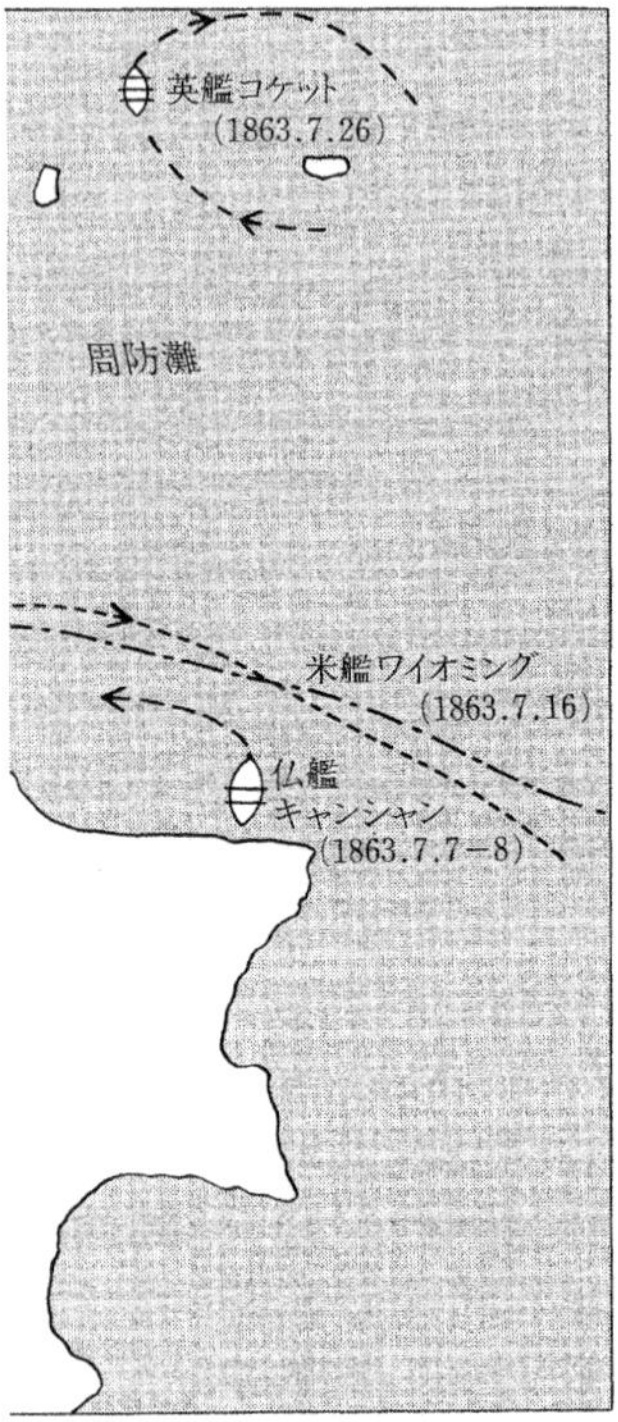

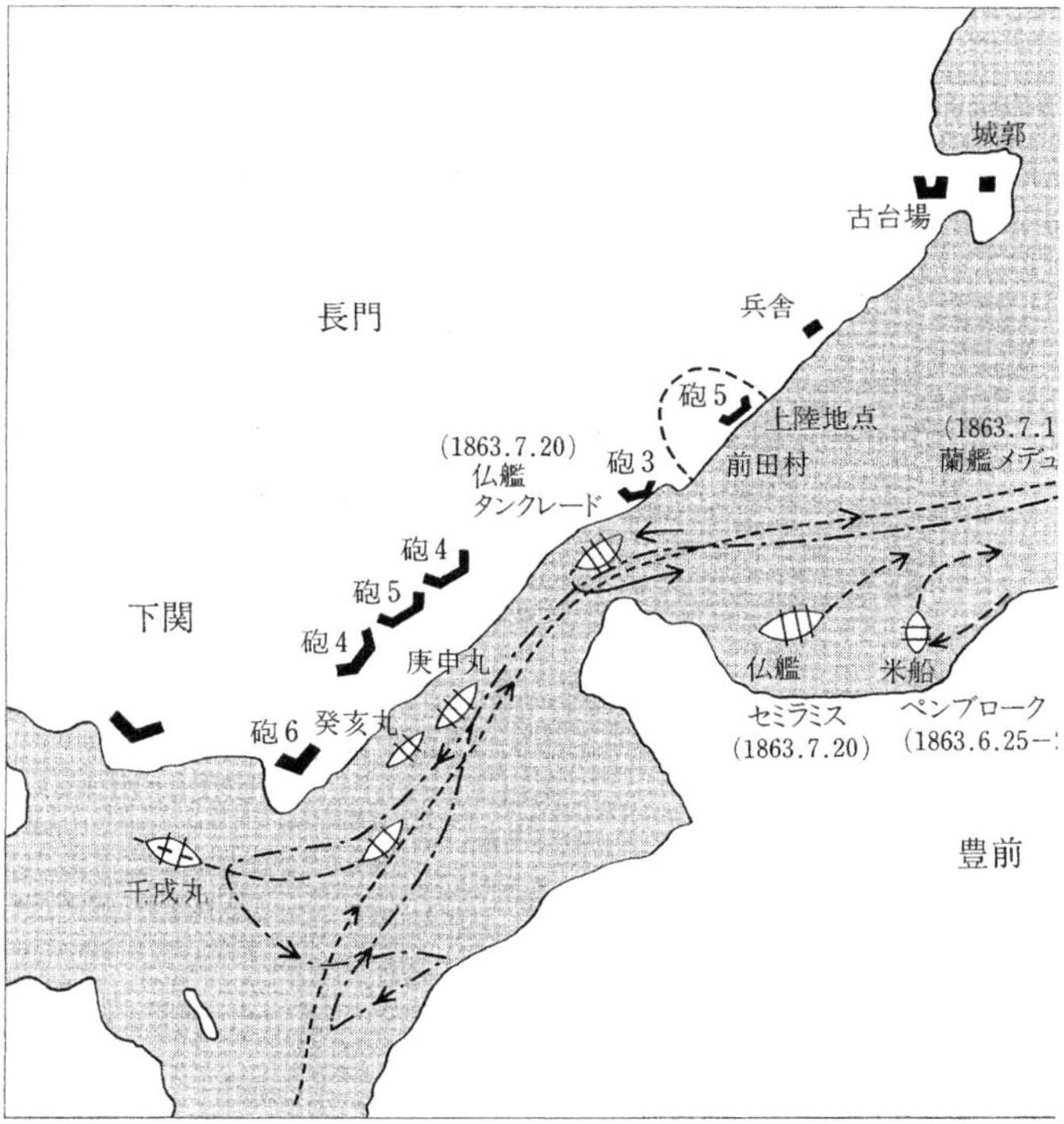

図8　下関砲撃図（1863年）

MR 1. 165. 3. 長州艦と四国艦隊の各艦船の航跡が描かれる．海峡中央は，西から東へ海峡を突破したオランダのメデューサ艦，海峡深くまで侵入したアメリカのワイオミング艦の航跡である．海峡の東入り口には報復攻撃をおこなうフランスのセミラミス・タンクレード両艦．長州砲台の数字は観察された砲数である．(NAUK 所蔵)

図9　米軍艦ワイオミングの砲撃
パロット砲が描かれている．The Century Magazine, XLIII, 1892年4月発行．

グ（一四五七トン・砲六門）であった。横浜にいたワイオミングはただちに下関へ向かい、文久三年六月一日（一八六三年七月一六日）、下関港内深く進入して無謀ともいえる奇襲攻撃を決行した。長州側の主力艦であった壬戌丸《じんじゅつまる》（旧名ランスフィールド、蒸気スループ、六〇五トンか）・庚申丸《こうしんまる》（長州製の帆船）を撃沈し、癸亥丸《きがいまる》（旧名ランリック、帆走ブリッグ、二八三トン）を大破したのである（トン数は総トン数、元綱数道）。海軍力を一瞬に喪失した長州藩の打撃は計り知れない。

ただしワイオミングも死者五名などの損害を出している。

その四日後の六月五日（一八六三年七月

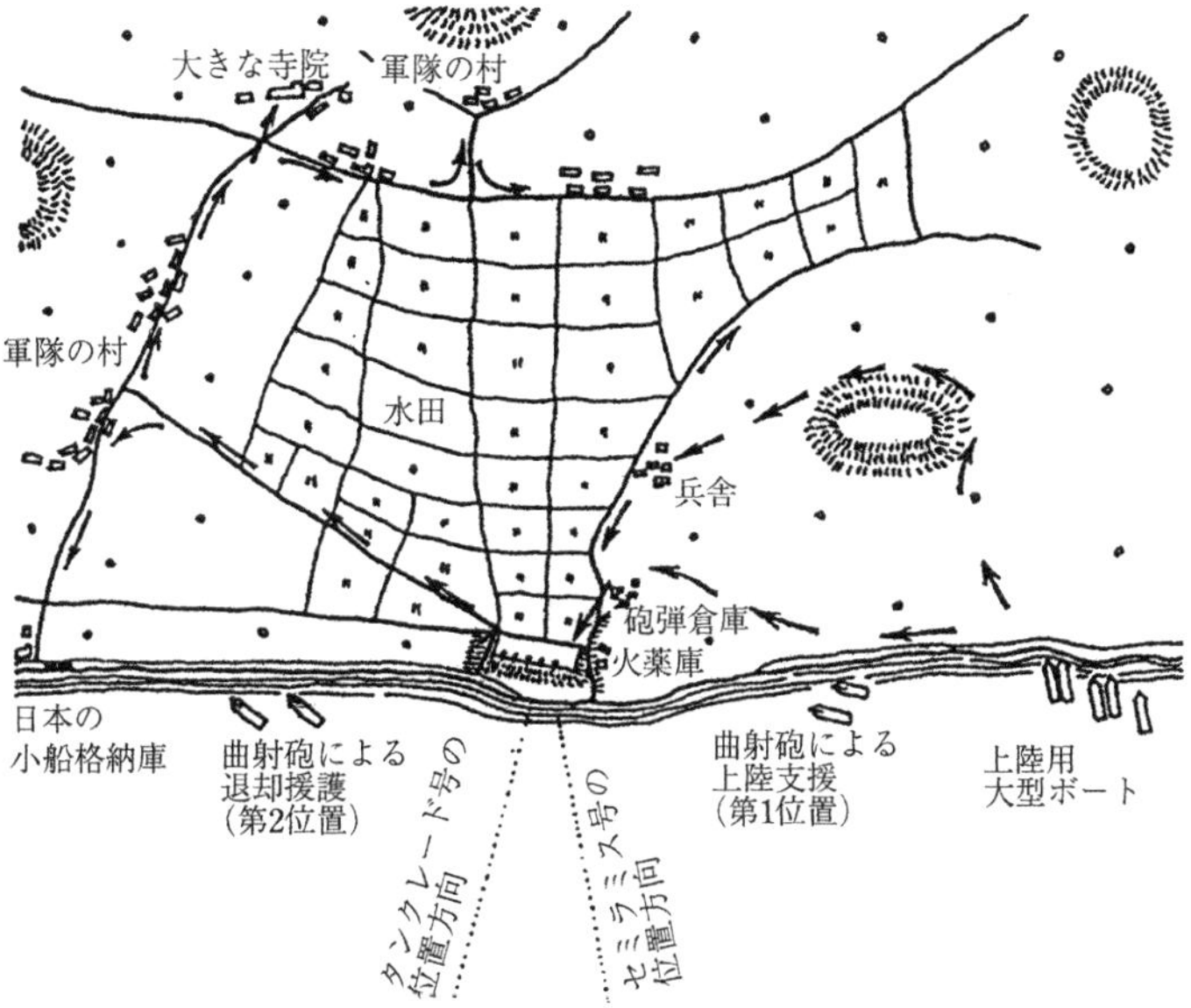

図10　フランス海軍による前田砲台攻撃図
アフリカ第三大隊ブラン中尉作成(AN 所蔵 BB 4/817)

二〇日)、キャンシャン号への砲撃に報復するため、フランス軍艦セミラミス(スクリュー蒸気フリゲート、三八三〇トン、砲三五門)、タンクレード(スクリュー蒸気スループ、砲四門)の二艦が下関砲台を強襲、砲撃戦の末、陸戦部隊を上陸させて砲台を破壊した。

フランス艦隊の攻撃対象は前《まえ》田《だ》茶《ちゃ》屋《や》砲《ほう》台《だい》であった。ここには長州側の青銅砲五門が配備されており、フランス側は艦砲射撃ののち、大型ボートを出して海兵隊と猟《りょう》歩《ほ》兵隊(アフリカ猟歩

兵第三大隊）を上陸させた。一隊は小型砲艦（ボート）の援護をうけながら、砲台を見下ろす東側の丘の麓に上陸、砲台の上部側面から攻撃してこれを占拠、続いて田んぼをつっきって前田村を焼き払ったという。

フランスが破壊した砲台には五門の青銅砲が置かれていた。戦闘報告書には地図が添えられており、東西に山陽道がはしり、上陸用の大型ボートが数艘、岸につけられている様子などが描かれている。中央の海岸沿いに五門の砲列をもつ台場があり、胸壁《きょうへき》が構築されている。東側の円丘を乗り越えてフランス兵は北方に向け掃討《そうとう》行動を取る一方、一隊が砲台に突入、さらに別の一隊が西側へ廻った。中央の水田の向こ

図11　1863年の横浜パノラマ写真
MR. 1. 165. 2. 施設名などを注記の上，翌年ブライン工兵大尉レポートの附属資料として提出されたもの（NAUK所蔵）

う、山陽道沿いの村（前田村）は火をかけられ炎上した。パゴダは慈雲寺《じうんじ》であろうか、長州兵の根拠と見なされ、やはり焼き掃《はら》われた。右手の谷の奥には角石陣屋《かどいしじんや》が置かれるが、まだ描かれていない。ジョレスの報告書によれば、フランス側の損害は負傷者四名のみであったという。

砲台はフランス兵が去ったのちに再度修復され、円丘上からの進入を防御する意味からも上下二段のほぼ連続した砲台に作り変えられた。ルサンが、翌年の下関戦争の部分で、「前年、私たちが破壊した堡塁《ほるい》と同じ敷地内にある」と記述している前田茶屋砲台がこれにあたる（アルフレッド・ルサン著・樋口裕一訳『フランス士官の下関海戦記』新人物往来社、一九八七年）。

この米仏の反撃によって長州砲台はいったん完全に破壊され、長州の海軍力も失われた。文久三年六月一〇日（一八六三年七月二五日）、英米仏蘭の四国代表は共同決議をあげ、下関海峡の封鎖解除と自由通行に対し、適当と思われる措置をとることを決議した。またこの決議文を幕府へ送致し、長州藩の不法に対して処罰を求めた。しかしこの覚書や要請内容は、そのまま翌年まで放置されることになる。

また、この年五月、居留地防衛の名目で横浜には英仏駐屯軍が上陸・配備された（図11参照）。英仏ともに兵営を建設し、合計一〇〇〇名近い兵力が順次常駐した。この駐屯はこの後一八七五年まで継続されることになった（石塚裕道「横浜英仏駐屯軍の一二年間」、横浜対外史研究会・横浜開港資料館編『横浜英仏駐屯軍と外国人居留地』）。

鹿児島戦争

このころ、日本海域で最大の勢力であった英国海軍は、薩摩藩《さつまはん》への犯人処刑と賠償を要求するため、鹿児島出撃の準備に力を割かれていた。他列強の海軍もあったとはいえ、攘夷派の攻撃に対する居留民の不安も大きく、一定の戦力は横浜防衛のために残しておかなくてはならなかった。

幕府も薩摩藩に手出しをすることは出来ず、この出撃を止めることは不可能だった。

文久三年六月二二日（一八六三年八月六日）、蒸気軍艦七艦からなる英国艦隊が横浜から出撃した。艦隊は六月二七日（一八六三年八月一一日）鹿児島湾に入り、翌日には薩摩藩へ要求書を手交、二四時間以内の回答を要求した。薩摩側は会談に応じる様子をみせつつ、戦闘準備をおこなっており、七月二日（一八六三年八月一五日）、英国側が薩摩藩の蒸気艦三隻を拿捕《だほ》すると、激しい砲撃戦が開始された。薩摩側の備砲はどれも滑腔砲《かっこうほう》であり、施《せ》条砲《じょうほう》は皆無であった。

キューパー司令長官は、戦況を次のように報告している（一八六三年一〇月三一日付タイムズ紙、内川芳美・宮地正人監修『国際ニュース事典　外国新聞に見る日本』）。

天候はいぜん荒れ模様でした。正午、多量の雨を伴う突風が吹く中、突然鹿児島側の全砲台が、射程距離内にいた唯一の艦船ユーリアラス号めがけて火を吹きました。……私は、コケット号、アーガス号、レースホース号に拿捕船焼却の合図を送るとともに、全艦隊にいかりを揚げ先任順に戦列を組むよう命令しました。……そして全砲列に沿って直線弾道距離内をゆっくり進みました。……ユーリアラス号が最後の最南の砲台を通り過ぎるころには、町の数か所に火の手が上がっているのが見えました。……上記の戦闘の間に、薩摩侯の領地と財産に与えた損害は、簡単にまとめると次のように

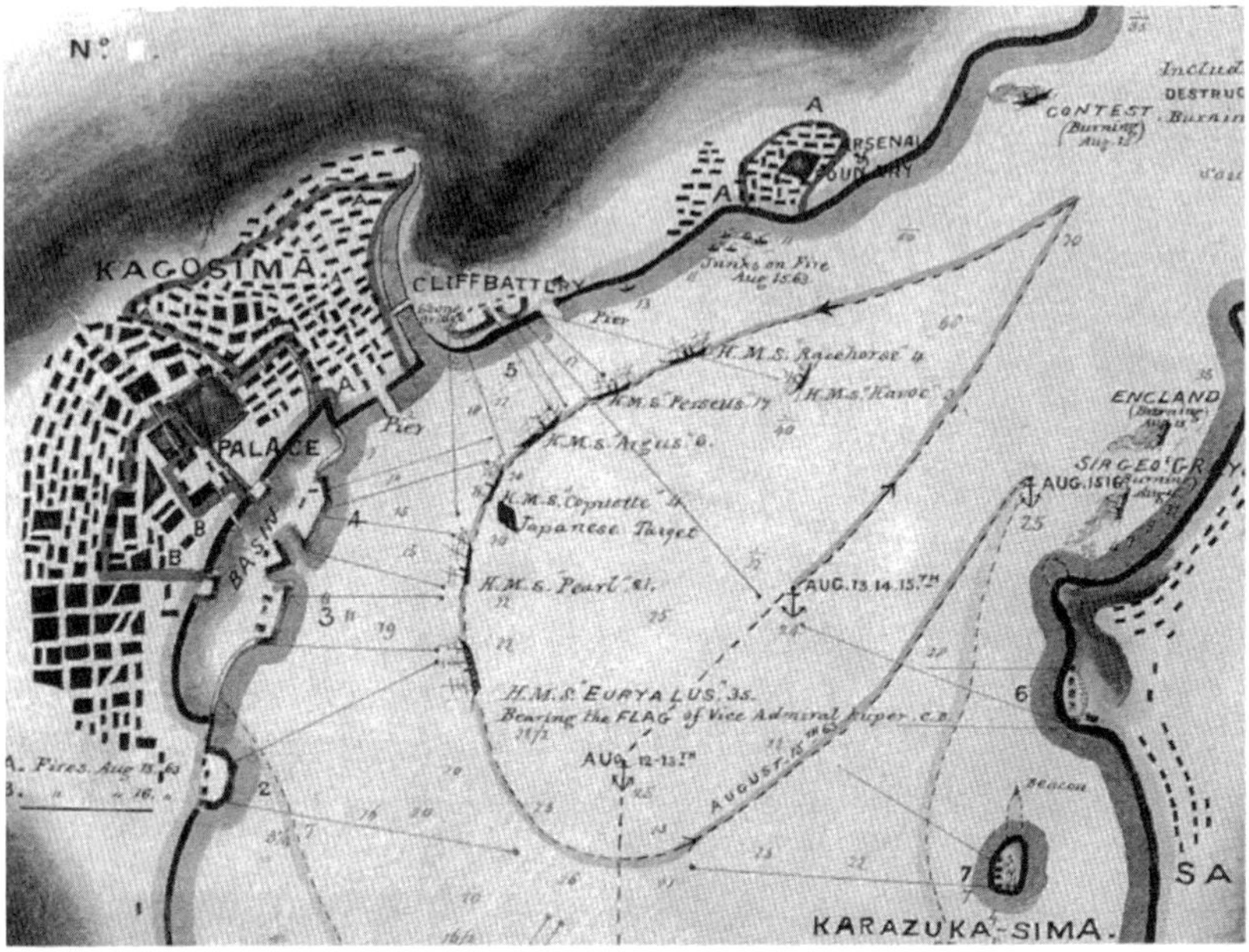

図12　鹿児島戦争図

MR. 1. 165. 3. イギリス艦隊は荒天の中，薩摩の砲台群へ接近し，ロケット弾を用いて磯の集成館や鹿児島の東部を焼き払った．(NAUK所蔵)

なります。すなわち、たくさんの大砲を使用不能にし、弾薬庫を爆発させ、主要砲台に重大な損害を与えました。火災によって破壊させたものは、前述の三隻の蒸気船と五隻の大型ジャンク、鹿児島全市と侯の居城、そのほか大きな兵器廠、大砲工場、隣接した倉庫群などです。……このようにして生じた大火は、最初の攻撃から四八時間後、艦隊が出発するまで、火勢衰えぬまま燃え続けていました。

火力に劣る薩摩側は夕方までに多くの台場から撤退、上陸戦を覚悟した。しかし英国側も、台場に接近した旗艦ユーリアラスが直撃弾をうけ、艦長ジョスリング大佐と副長ウイルモット中佐が即死するなど、大きな被害（戦死者一三名）をうけた。艦隊は翌日鹿児島湾から退き、七月九日（一八六三年八月二二日）には横浜へ帰還した。攘夷にわく京都では「英艦掃攘」の功をたたえ、島津藩主父子を褒賞した。実際には英国艦隊との力の差は歴然としており、薩摩藩は横浜で和議交渉に臨み、文久三年一一月一日（一八六三年一二月一一日）、一〇万ドルの賠償金支払いと犯人捕縛を約束することで合意した。彼我の軍事力格差を身を持って知り、単純な攘夷が不可能であると悟った薩摩藩は、本格的な洋式軍備の増強につとめるとともに、その後、英国に接近する途を開いて維新変革の一方の中心勢力としての地歩を固めることになった。

三港鎖港から横浜鎖港へ

文久三年（一八六三）六月は、テロ襲撃事件や攘夷の実力行使を契機に、薩摩・長州という有力大名が外国艦隊との実戦（攘夷戦争）を経験し、それぞれに痛手を受けることになった。しかし長州藩は再び砲台再建を進め、なお京都朝廷での影響力を保持していた。

八月に入ると、国内政治にも大きな変動があった。文久三年八月一八日（一八六三年九月三〇日）、薩摩・会津藩兵を動員した朝廷内クーデターが起こり、朝廷に巣食った長州藩や攘夷激派の公卿たちが一掃されたのである。幕府は再び朝廷内の政治的主導権をにぎったかにみえた。しかしこの八・一八政変を経ても幕府の鎖港《さこう》方針は変わらなかった。実力行使を唱える攘夷激派を排除したところで、天皇・朝廷の攘夷の意志に変化はなかったからである。

将軍徳川家茂《いえもち》は直前の八月一二日、江戸城にて「遠からず鎖港の応接取り掛らせ候あいだ、自然彼より兵端《へいたん》を披《ひら》き候わば、一同皇国のため尽力し防戦致すべし」と達し、幕府は諸大名へこれを上意として廻達した（幕末御触書集成）。

具体的な鎖港交渉がはじまるのは、政変から一か月後の九月になった。ただし内容は大きく変化していた。五月の時のような期限付きの全面的な外国人追放令ではなく、今回は対象を横浜一港に絞り、居留商人は箱館《はこだて》か長崎に移動することを提案するものであった。横浜は自由貿易の中心地であり、当時日本の全貿易量の八割を占めていた。幕府はこの横浜一港を閉鎖する交渉をおこない、これによって政治的イニシアチブを確保し、「奉勅攘《ほうちょくじょう》夷《い》」の実を挙げようとしたのである。

この際、最も配慮されたのは、やはり戦争回避を徹底することだった。

文久三年九月一三日、幕府はアメリカとオランダへ鎖港談判を開始すると諸大名へ予告し、「右応接中、いかよう虚喝の業これ有り候とも、差図致さざる以前、決して発砲等致すまじく候」と厳命した（同前）。一〇月には、朝廷からも「攘夷の儀、総じて幕府の指揮を得、軽挙暴発の輩《やから》これ無きよう諸藩家来末々まで示し聞けらるべきこと」との厳達を引き出した。

また、五月の対英危機の際と同様、市中に対しては有事に備えるよう触れ出された（続通信全覧）。

今十四日より横浜鎖港の応接これ有り、自然兵端を開き候場合に至るべき哉も計りがたく、其段相触れ候については、海岸最寄りの者等女・子供・老人の類在方身寄其外へ立ち退かせ置き候儀は勝手次第の事につき、其段得と申し聞くべく候……、このように横浜鎖港談判は、朝廷に対して幕府なりの攘夷実行の途を示すとともに、幕府の軍事指揮権を立て直して無謀な攘夷戦争を封じることに力点が置かれていた。

横浜鎖港の談判

文久三年九月一四日、幕府は米国公使プリュインとオランダ総領事ポルスブルックを江戸・築地《つきじ》の軍艦操練所へ呼び出し、老中水野忠精《みずのただきよ》・板倉勝静《いたくらかつきよ》らが応接して横浜鎖港の談判をおこなった。米蘭の両代表には寝耳に水の話だった。

この場で老中らは、外国奉行竹本正雅《たけもとまさつね》と池田長発《いけだながおき》を担当者とすると宣言し、次のように述べたという(アラン・コルナイユ著・矢田部厚彦編訳『幕末のフランス外交官―初代駐日公使ベルクール―』)。

そもそも諸条約は、条約中にも明記されているとおり、友好関係強化のために締結されたものである。友好関係こそ基本であり、貿易関係はこれに付随するものである。

……この友好関係を維持するためには、横浜港の外国貿易を閉鎖することが双方にとっての利益であり、われわれは、それが現状の興奮を鎮める唯一の途《みち》であると考える。

小笠原図書頭《ずしょのかみ》の外国人追放通告は撤回されたと本国政府に報告していただきたい。それとともに、外国貿易を長崎、函館に移転することへの同意を求めていただきたい。

それ以外の条約の変更は要求しない（米蘭代表作成の会談録仏訳）。国内の人心不折合が高じて大規模な反乱すら生じる可能性もあり、友好関係すなわち和親を基本にするならば、通商を犠牲にするのが和親をまもる途だというのが幕府側の主張である。同時に、外国人追放令が撤回されたことがあらためて通告され、横浜を閉鎖しても箱館・長崎で貿易することはできると説明された。

和親と通商を区別する論理は、開国以来のものであった（羽賀祥二「和親条約期の幕府外交について」『歴史学研究』四八二、一九八〇年）。日本側としては筋の通った要求であっただろうが、米蘭両国代表は、貿易と友好関係の維持こそが条約の目的であり、これを冒すような交渉には断じて応じられないと突っぱねた。その後、英仏両公使へも会談が申し込まれたが、すでに米蘭からの報知をうけていた英仏は江戸への呼び出しに応じなかった。幕府は相手にしてもらえなかったのである。

談判使節の派遣

文久三年一一月二五日（一八六四年一月四日）、幕府は遣欧使節《けんおうしせつ》の派遣を諸外国へ提起した。正使池田長発《いけだながおき》、副使河津祐邦《かわづすけくに》（いずれも外国奉行）、これに大目付《おおめつけ》河田熙《かわだひろむ》という使節である。

条約各国へは書翰によって使節受け入れの依頼が送付され、協力が求められた。その趣

図13　池田長発《いけだながおき》
1837-1879. 幕府旗本，外国奉行．帰国後は石高半減・蟄居処分をうけた．（東京大学史料編纂所所蔵）

旨は、日本国内の「人心不折合」より「和親交際」が損なわれようとしていると指摘し、「両国和親交際の永久全《すべ》からん方略等打ち明け、談判に及ぶ」ために使節派遣をおこなうというものだった。幕府はあえて文面に書き込まなかったが、幕府がいうところの「和親交際」を全《まっと》うするための「方略」が、「横浜鎖港」策だというわけである。

出発直前、池田らは談判が決裂すれば戦争であるので、「戦争の名義」を立てるために派遣されるつもりであると必死の心得を述べ、その間も「人心一和・兵備厳整」を図るように幕閣へ求めた。そして条約諸国への要求が、「永久鎖港」なのか、「年限の内（期限付き）鎖港」なのかを問い、前者はとても聞き入れられるとは思えない、後者であれば見込みもあると上申したが、老中の指示は「永久鎖港」であった。

和親のために通商を犠牲にするという、幕府が使節のために用意した論理は、実はこの二年前に派遣した文久の遣欧使節（正使竹内保徳《たけのうちやすのり》）の時にも用いられていた。文久二年（一八六二）の開市《かいし》開港延期談判は、新潟・兵庫の開港と江戸・大坂の開市を最大五年間延期するというものであり、英国公使オールコックが仲介して使節団を受け入れるなど、条約国はこの妥協に応じていた。幕府はいわば二匹目のドジョウを、真面目に狙っていたとも考えられる。

このような日本側の論理が受け入れられるかもしれないと幕閣が信じた一因は、仏国の対応にあった。

文久三年九月一日（一八六三年一〇月一四日）、横浜駐屯のカミュ中尉が斬殺される事件が発生した。この際、フランス側は、一連の賠償問題の解決を含め、フランス本国への特使派遣をむしろ勧めていたのである。駐日公使ベルクールも、使節派遣を通告する老中書翰に対し、「両国交際に於いて幸福なる成功あらんこと」を証明するだろうと賛意を表していた。それればかりかベルクールは、日本使節の派遣は「日本における仏国の権威の優越なるを示すと同時に、将来、通商上の勝利を獲得する根基を作るもの」と本国へ報告した（大塚武松『幕末外交史の研究』）。

仏国公使ベルクールの対応は、幕閣に一筋の光明を与えた。ベルクール自身も、一連の秘密工作が、「攘夷派大名たちは戦闘を開始するがままに放置しておいて、これが失敗すれば糾弾するし、もし成功の可能性があれば、これに乗る」という、幕府の二また作戦であることを疑ってはいた（コルナイユ・矢田部、前掲書）。しかし依然として幕府の開国派に期待し、幕府有司《ゆうし》が言うとおりに、鎖港要求を攘夷派に押された単なる便宜策とみていたのかもしれない。ベルクールは鎖港談判使節であることを承知の上で、遣欧使節に軍艦も提供し、派遣に協力する姿勢を示している。

文久三年一二月二九日、池田長発の使節団は、フランス軍艦モンジュ号に乗船して横浜を出港した。上海でフランス郵船に乗り換え、まずパリに向かったのである。

ところが、ベルクールの報告に接したフランス本国では、幕府の本音が鎖港要求であることを懸念した。外相ドリュアン・ド・ルイは、「横浜鎖港の如き絶対に応ぜられぬ要求を提議するのは論外である。仏国政府からかかる使節の渡航が中止せられん事を望む」とベルクールへ厳達し、「貴下が使節のために乗船を提供した事を遺憾とする」と叱責するに至った（大塚武松、前掲書）。

フランス本国では、駐仏英国大使コーレーを通じ、英国の厳しい意向も確認済みだった。英国側は、日本の遣欧使節が鎖港談判を目的とするものであり、そのようなものがロンドンに来ても、一切交渉には応じないとフランス側へ通知していたのである。

単なるテロ襲撃事件や攘夷派大名への個別的制裁の問題ではなく、幕府の横浜鎖港要求そのものが英仏本国でも大きな懸案事項として立ち現れていたことは注意しておきたい。しかし、すでに談判使節が出発してしまった以上、一件への対応は本国へゲタを預けた状態になったのである。

横浜鎖港の国是化

幕府の横浜鎖港方針は、元治元年（一八六四）に入ると、いわゆる国是《こくぜ》（元治国是）として固められていった（原口清『幕末中央政局の動向』）。将軍家茂《いえもち》は上洛《じょうらく》し、元治元年二月一四日（一八六四年三月二一日）、横浜鎖港の方針を孝明《こうめい》天皇に上奏《じょうそう》した。この上奏に対し、四月に朝命が下って国是が確定する。横浜鎖港の実行を誓うことにより、文久国是とは異なり、幕府はすべての政務委任をあらためて朝廷から得ることになった。朝廷の意を受け、その委任によって横浜鎖港を国是とする方針が固まっていったのである。朝廷からの沙汰は以下のようであった（維新史料稿本）。

一、横浜の儀はぜひとも鎖港の成功奏上あるべく候こと

ただし先だって仰せ出され候とおり、無謀の攘夷はもちろん致すまじく候こと

横浜鎖港をおこなうとともに、「無謀の攘夷」はおこなわない、つまり実力行使による鎖港強行はおこなわないというわけであり、あくまでも談判によって鎖港を実現し、戦争の危険を回避したいという意味である。

戦争を忌避しつつ和親のための一部鎖港をおこない、外国に対しても国内攘夷派に対しても面目を保つ、この幕府の両面作戦が功を奏するかどうかは、ひとえに鎖港談判使節の成果にかかっていた。また同時に、談判使節が帰るまでは、とにかく攘夷激派の突出を抑え、武力衝突を抑えなければならなかった。

横浜鎖港の要求は、箱館に領事を置くだけのロシアに対しても通告された。元治元年二月二八・二九の両日（一八六四年四月四・五日）、外国奉行柴田《しばた》剛中《たけなか》は領事館を訪れ、横浜鎖港への理解を求めている。しかしロシア領事ゴシケヴィッチもこの提案を拒否し、乱暴を続ける攘夷激派は外国の手を借りてでも懲《こ》らしめるべきだと諭した。横浜を閉ざせば、いずれ他の港も閉ざすことになるのだと反論しているのである（伊藤一哉『ロシア人の見た

幕末日本』吉川弘文館、二〇〇九年）。

日本において横浜鎖港が国是化していくなかで、英国海軍は情勢を深刻に捉え、武力行使不可避の判断をとるようになっていった。時間的には少しさかのぼるが、一八六三年八月二六日（文久三年七月一三日）、鹿児島戦争から帰還したばかりのキューパー司令長官は、日本情勢について以下のように報告している（英国海軍省史料）。

幕府への懐疑

二、もはや疑いようのないことですが、過去数年間の外交実績はわれわれの貿易規模の段階的な縮小となりつつあり、同時に、日本人による、この国から外国人を追放（expelling foreigners）するという彼らの公言された意図の着実な達成となっています。この目的のために、彼らは着実ながらひそかに、条約締結以来ずっと働き続けてきたように見えます。そして、この国の現今の政治情勢は、英国臣民への暴行に対する償いをイギリスが最近要求したこととは概して関係はないように見えるのです。

キューパーは、この間の事態が個別的な攘夷事件と列強の対応（処罰と賠償の請求）に対する反感から生じているのではなく、外国人追放（排斥）政策が着実な進展をとげ、その背後には幕府自身が関与しているのではないかと疑っている（同）。

三、大君《たいくん》政府の方では誠実さと友好的な意図を現在示しているにもかかわらず、さまざまな太守《たいしゅ》たちと秘密裏に結託していると考えるほうに私はより傾いています。それは、外国人排斥（expulsion of foreigners）というひとつの大きな目的を（異なる手段ではありながら）成就するためです。そして、私見では、その時は来ようとしています。

たとえまだ来ていないとしても、すなわち、日本と条約をもつ全ての政府が、あらゆる外国の侵略からの保護を保障（with a guarantee of protection against all foreign aggression）することにより、この国を全面的に武装解除（totally disarming）する目的でまとまるのか、あるいは、ここまで維持してきた体制を全く放棄することを承諾するか、という時が来ようとしているのです。

傍線部（筆者）の記述はとくに注目される。これを素直に読めば、武装解除とある種の保護国化の方向に進むのか、それとも条約体制を放棄するのか、この判断をしなければならない時期が近づいているということである。示された危機感は、オールコック公使の認識とも一致するように思われ、本国でも本格的な武力衝突、対日戦争の可能性について対応策を迫られることになるのである。

五、当地に要請される戦力の性格について疑問がわいてきます。大規模な作戦行動の遂行を決すべきなのではありませんか。小艦船から主に構成され、海上での成功を一層徹底するための上陸部隊分遣が乗員に認められていない、単なる海上戦力では、日本では役に立ちません。砲台を攻撃するためには、陸上戦力の援護によってこれを完全に破壊する確実な手段を講じることがなければ、貴重な人命を無駄に犠牲にするだけでしょう。

鹿児島戦争でこりごりしたキューパーは、日本全体で軍備増強が進められている事実を報告し、開戦した場合には相当の陸上兵力が必要とされることを主張しているのである（鹿児島では上陸しなかった）。

日本有事の噂

この同時期、仏国代理公使ベルクールも、「日本を武装解除させるか、あるいは外国人がこの国を退去するか、どちらかをなさなければならないのです！」と、キューパーが本国へ送信したと本国外務省へ報じており（仏国外務省史料）、日本の情勢悪化は列強の共通認識になっていた。

条約各国は日本へ軍艦を増派し、兵力を集中しつつあった。鹿児島戦争直後の一八六三年八月二六日（文久三年七月一三日）、横浜に集結した列強兵力は、プロイセンの軍艦ガゼル艦の存在もあって、軍艦二二・砲二六二・兵五九一〇であった。

一八六三年末になると、日本情勢悪化の情報はすでにヨーロッパ政界にも広まった。六三年一二月、ベルリンにいた英国大使ブキャナンは、プロイセンの首相兼外相ビスマルクから呼び出された。ビスマルクは「個人的な要請」としつつ、「ヴィトゲンシュタイン皇子が士官として中国にいらっしゃるのだが、陸軍でも海軍でも、日本遠征が行われるのであれば同行させてほしい」と申し込んだというのである。

ブキャナン大使は、「そのような遠征が行われるとは存じませんが、御要望はお伝えしましょう」と述べたという（ラッセル文書）。

イギリスの対日戦争準備

対日戦争シミュレーションの策定

日本の鎖港《さこう》要求の第一報が本国に伝わったのは一八六三年の八月末であり、日本情勢の緊迫を伝えるキューパー書翰が本国に到達するのは一〇月二九日（文久三年九月一七日）のことであった。

日本が軍備を強化して鎖港要求をおこなっているという情報に対し、英本国政府も対日開戦の具体的可能性を考慮しはじめる。

キューパー書翰は外務省にも回され、外相ラッセルはただちに有事の対策検討を開始した。一方、日本と開戦した際の想定計画が陸軍省と海軍省の間でつくられた。立案者はミシェル陸軍少将とホープ海軍少将であった。この両者はともにアロー戦争で中国でたたかった陸海軍遠征隊の中心人物で、かつ日本に派遣された経験をもっていた。ミシェルとホープは相談の上、前者が日本での上陸作戦の、後者がそれに必要な兵員と物資の輸送計画を策定している。

ミシェルの軍事メモランダム

「日本における我々の立場に関する軍事覚書」と題するミシェルのメモランダムは、一二月一日付けで作成され、一八六四年一月一六日（文久三年一二月八日）に陸軍省へ提出されている。陸軍次官ルガードは一月二三日付けでこれを海軍省と外務省に回した。一方、ホープの「インドから日本への遠征部隊輸送に関する覚書」は一月一一日付けで作成され、ミシェルの覚書の廻達《かいたつ》を待って、一月二九日に海軍省へ提出されている。

では、どのような内容であったのか、史料に即して以下にみていきたい（英国外務省史料・海軍省史料）。

ミシェルの覚書は二一項目にわたる簡潔な文体の箇条書である。まず基本的な情勢について次のような認識を示す。

1　政治的事実として、大名はほとんどが敵対的であると思われます。江戸政府は揺れています。ミカド（Mikado）は敵対的です。貿易にたずさわる人々は、ほとんどが大名階級よりは下の、それも封建家臣ではない人々ですが、彼らはヨーロッパ人との平和的関係について概《おおむ》ね好意的です。

2　日本と戦争にならざるを得なくなった際には、戦争遂行が我々の目標となり、（それが可能になれば）政府か、もしくは大名が報いをうけることになるにちがいありませんが、一方で（われわれの庇護のもとにある限り）貿易にたずさわる人々は保護されるでしょう。ここに、平和が再構築された際に大部分の住民との間に真の友好関係を結ぶ可能性があるかもしれません。

3　日本の街は概ね木でできています。それゆえ、どうしても必要な時以外、砲撃は避けなければなりません。

天皇（ミカド）と大名は外国交際に対する敵対勢力として認識され、幕府の動揺性が指摘されている。注目されるのは、実際に貿易にたずさわる商人層を支配層とは切り放してみている点であり、商人層は戦時も保護され、ここに平和が戻った際に真の友好関係を結ぶ可能性があると指摘している。同じ趣旨で、日本の町場《まちば》への砲撃を極力避けることが強調されている。木造の家並みを砲撃すれば一般市民に被害が出ることへの配慮である。

ミシェルが開戦の状況として想定するケースは次の三つであった。

4　日本において我々が置かれるかもしれない、戦争になりそうな状況は三つあります。

第一に、特定の大名が我々に反抗するかもしれません。

第二に、ミカドと大名の一部が敵対するかもしれません。

第三に、日本政府が我々に対して（戦争を）宣言するかもしれません。

すなわち、第一に、特定の攘夷派大名が敵対するケース、第二に、攘夷派の天皇と大名の一部が敵対するケース、第三に、日本政府すなわち幕府との戦争になるケース、この三つである。このそれぞれのケースに対応してとるべき手段が策定される。

第一のケース：特定大名との戦い

第一のケースは、特定の大名が攘夷行動に出た場合を指している。

5　第一のケースについては、敵対する大名の位置が判明するまでは、何らの軍事的意見も述べることはできません。

日本は本来、近代的な軍事行動には不向きなところです。

国土の大部分はスイスを（地理的に）穏やかにしたような所で、しかもスイスのような良い道路はありません。ゲリラ戦にはもってこいなのです。

このように、内陸部の大名への攻撃は多大な困難と多大な経費をともなう方策であり、主に被害をうけるのは不運な住民たちということになる可能性が高く、その間に得られる利益はきわめて疑わしいものでしょう。

その一方で、政府に大名の行動に対する責任をとらせることは、スコットランド王に、ダグラス家〔スコットランド貴族〕の侵掠《しんりゃく》やアーガイル家〔スコットランド貴族〕の土地でのイングランド人虐殺の責任を取らせるに等しいのではないかと思われます。

いずれにせよ、海岸に本拠をもつ大名については、わが海軍によって道理を悟らせることが容易に可能です。

実際には長州藩の下関での砲撃行為が念頭にあることは間違いないが、ここではあくまで想定ケースのひとつである。この場合、当然のことながら「敵対する大名」の位置が判明するまでは、有効な意見は出せないとし、大名が内陸部のものか、沿岸部かで大いに異なることを率直に指摘している。

沿岸部の大名は海軍の力で処置できるが、山がちな日本の地理的条件はゲリラ戦に適しており、内陸戦は経費も嵩《かさ》むし困難だというのが結論である。また、こうした攘夷派大名に対し、幕府はその責任を取ることはないだろうというのが第一のケースの結論である。

次に、第二の想定ケースの場合はどうであろうか。これは攘夷派の大名グループが天皇を擁して攘夷戦争を仕掛けた場合ということになる。

第二のケース：攘夷派大名との戦い

6　第二のケースについて。

すべての港と内海〔瀬戸内海〕の封鎖をまず最初に試みるべきかもしれません。それが行われている間に、艦隊は大坂まで手探りですすむことになるでしょう。もし封鎖の効果がなかったならば、そこで、瀬戸内海貿易の巨大な商業中心地たる大坂の攻略が必要となります。

この町はミカドの首都ミヤコ（Miako）の港であり、ミヤコは最終的に攻略しなければならないかもしれません。

サー・R・オールコックは大坂滞在中、ひとりの海軍士官（すでに死亡）をボートで兵庫（Hiogo）へ派遣しました。その士官は、自分の判断しうる限り航海は順調と報告したとR・オールコックは述べています。

この点について私は懐疑的です：ケンペル参照されたし。

思うに、協力する陸軍部隊がなかったら、この小艦隊はその町まで無理に押し通るこ

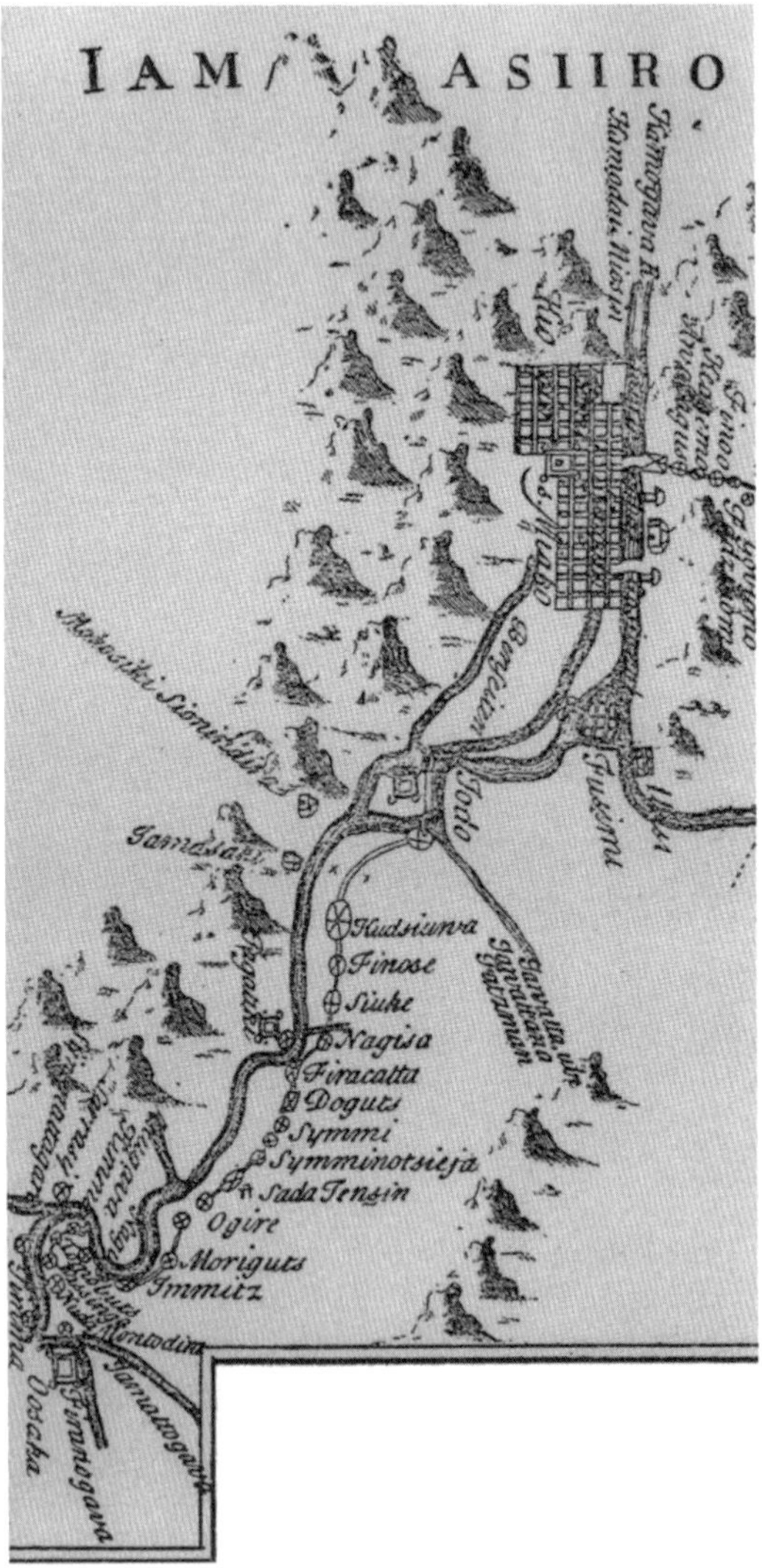

図14　ケンペル日本図（京・大坂）

ケンペルがオランダ商館付医師として来日し、江戸参府に随行したのは一六九一・一六九二年の二回、元禄時代のことだった。『日本誌』付図。

とはできなかっただろうし、あるいは全くすすめなかったことがわかったでしょう。瀬戸内海を含む海上封鎖ののち、大坂攻略、ついで京都攻略作戦が展望される。オールコックは一八六一年（文久元）、モス事件の裁判で香港《ホンコン》へ出かけた帰路に大坂を訪れている。ただしミシェルは、大坂―兵庫間も陸上からの支援がなければ艦隊は侵入できないと判断している。いよいよ大坂攻略作戦である。

7　大坂を攻略するには、歩兵一二〇〇〇、騎兵五〇〇の兵力、それに相応する兵力の砲兵隊が費やされると私なら要請します。

作戦は時期を選ぶべきです。軍団が最初に集結する中国が健康的な気候となることに合わせるべきであり、また、兵庫から大坂への道が接している水田にマラリアがあふれていない時期に日本で作戦行動をとりたいからです。

さらに、台風の季節も避けるべきでしょう。適当な季節風が吹く時期に策定されるべきです。

このような全ての条件にしたがえば、三月にインドから軍隊を派遣し、四月に香港に集結、五月に日本へ出帆するということになります。食糧と輜重《しちょう》はあらかじめ集めておき、輸送手段を組織して、重量物は部分的に船積みして置くべきです。

香港に長く留め置かれることだけはとくに避けるべきです。

上陸は兵庫で行うべきです。ここは作戦基地となるでしょう。

おそらく事前に、この（私が思うには）開かれた町への一時的な上陸が海軍によって実行され、陸軍の屋舎やキャンプをはる能力が調査されるべきでしょう。

大坂から兵庫への道をたどったことのあるサー・オールコックからの情報から、海軍による右サイドの援護があれば、陸軍の行軍に特別な障害は何もないと思うにいたりました。

横切らなければならない川はいくつかありますが、川底はしっかりしており、深さもさほどではありません。

船橋は必要でしょう。

大坂と内海〔瀬戸内海〕の占領はミカドを屈服させるかもしれません。

要するに、正確に作戦期間を設定して、兵庫に陸軍を上陸させ、海岸側は海軍の支援を得て進軍させれば、大坂の攻略はたやすいということである。台風の時期とマラリアの時期を避けるべきだとしているが、熱帯の風土病であったマラリアは、まだ蚊が媒介する伝染病とわかっておらず、水田に湧く瘴気《しょうき》のようなものだと考えられていたのである。

いずれにせよ、具体的な兵員輸送計画はホープに委ねられることになる。大坂と瀬戸内海の占領によって朝廷は屈伏するかもしれないが、それでも抵抗する場合には京都進軍も必要になる。ミシェルは次のように指摘する。

> 8　私が日本にいた時に知り得た範囲では、ミヤコは大坂から三五マイル〔約五六・三キロ〕ほどにあります。
>
> オランダ人旅行者ケンペルは、一三里〔約五一キロ〕と言っています。充分に調査した結果、私自身は二五マイル〔約四〇・二キロ〕を超えないのではないかと考えています。
>
> この行程はケンペル以外にヨーロッパ人で経験した者はなく、その道筋については何も知り得ませんでした。しかしながら疑いもなく、彼の詳述によれば、実にぞっとするほど多く描写された障害が道筋にあふれているのです。
>
> 町や村の家並みは切れ目なく続くようです。非常に長い橋がかけられた巨大な川と運河が道に交差し、日本最強の城塞〔大坂城〕が大坂の出口を閉ざしています。
>
> ケンペルによれば、ミヤコは要塞化されていません。
>
> ミヤコまでの距離や克服すべき障害の程度に関する不確実さが存在する限り、必要となる軍団の数を指定することは早計でしょう。

問題は、大坂から京への道筋および京そのものに関する軍事的情報の不足であった。自身の観察以外にミシェルが得ていた唯一の情報は、実に一七世紀末のケンペルの旅行記であった。正確な距離、日本側の軍備等々に関する不確実さがある限り、必要な兵力などについて論じるのは早計であるというわけである。ちなみに、京都から天保山《てんぽうざん》（大坂湾口）までは直線距離で五一キロであるので、実際にケンペルのほうが正しいのかもしれない。ただし京都への侵攻は、大坂を確保しつつその間の連絡を保つために、五〇〇〇名規模の追加兵力が必要になると述べている。この兵力をどのように用意しておくかが作戦のカギになるという。ミシェルはこう続ける。

きわめてはっきりしていることは、ミヤコへの行軍、そして後方との連絡を確保し、大坂を保持するためには、大幅な兵員増強が必要とされるだろうということです。海軍が後方で大坂に到達し、これを完全に掌握できなければありえないことですが、どの場合であろうと艦隊の大部分は輸送と封鎖目的のために必要とされるでしょう。この行軍は私が予想するより容易なのかもしれません。おそらく路程は短く、相手にすべき防備もさほど堅くなく、敵軍も手ごわくないでしょう。そのような場合には、さらなる進攻がすみやかに行い得るかもしれません。

しかし、見込みとしては数千の兵員追加が必要とされるでしょう。おそらく五〇〇〇人。そして残された問題は、大坂攻略に従事する兵力のほかに、その大兵力を中国か日本か、どこかの補給所に用意し、全ての輜重を即乗船できるように準備しておくか、あるいは、大坂を占領後、新しい遠征軍がインドで組織され、それが日本へ派遣されるまで退却することが得策と考えるのかということです。この後者の計画は、五、六か月の遅延は免れず、これではヨーロッパ人が行動するにはありがたくない季節をむかえてしまいます。あるいは次の年の五月にまで戦争の再開を延期するかです。

京都侵攻が必要となって戦争が長期化した場合、近くに補充兵力を用意しておくか、あるいはインドまでいったん退くか、この後者の場合は最低半年は準備にかかり、再度好季節を待てば一年後に戦争再開というケースもありうるというのである。結局ミシェルは前者の案を推し、その有利な点につき、こう指摘している。

新しい兵員を用意しておき、速やかに前進できれば、かなり有利なことが生じるでしょう。

日本人には、考える時間も、当然の用意をする時間もありません。五、六か月か、もっと正確に言えば、一年にわたり軍隊を養っていくという非常に大きな問題や失費を、部分的に避けることができます。他方、駐留軍が病気にとりつかれる危険も避けられるでしょう。

次にミシェルが問題にしているのは、糧食《りょうしょく》・物資調達と輸送手段の確保である。結論的には、戦時に日本で物資を調達することは絶望的であり、米と木材を除けば、ほとんどの物資は中国から調達しなければならないだろうとその困難さを指摘する。

9　日本で戦争を遂行するうえで最も主要な問題は、糧食と輸送です。荷を負う家畜、荷車あるいは人足が調達できるとは考えません。まして調達できる動物はわずかです。我々が中国で用いた種類、日本のポニーはお勧めするにはほど遠いものです。

10　私見では、全ての動物による荷役輸送のうち、最良かつ最終的に最も経済的なものはラバであり、ボンベイから御者も同道します。

11　残りの輸送手段は中国で調達しなければなりませんが、これを集めたり、あるいは組織するのにどのような困難を経なければならないか、予想だにできません。

12　最終的にミヤコへ進攻することになった際には、膨大な輸送手段が要求されることを念頭に置いておかなければなりません。

大坂への行軍の際、横切らなければならない川へボートを出し、艦隊から物資供給をすることが可能だとわかれば、輸送手段はさらに減らせます。いま中国と日本にいるこれら軍当局はすでに、戦時に後方の国からどのような物資供給を受けられるかを確かめているものと思われます。私自身の印象では、米と木材を除けば、ほとんど全ての物品は中国から供給されなければなりません。

物資調達とともに、とくに輸送手段の問題は重視されている。物資や大砲類を輸送する家畜類をどう調達するかが問題であった。アロー戦争の際に、英仏連合軍は中国で良質の荷馬を得ることができず、日本から「小さい馬」を駆り集めていった。馬高一四〇《センチ》以下はポニー扱いである。このアロー戦争の経験から、今回ミシェルは、馬に代わってインドからラバを調達しようと言っているのである。

13　大坂とミヤコが我が手中にあるとしましょう。ミカドと大名には屈服する必要がありません。もしそうだとすると、ルートがケンペルの記述とはるかに異なるものでない限り、あるいは、良い水上輸送手段がない限り、ミヤコの保持は大変な困難と失費に見舞われます。

いずれにせよ、現在我々は日本人の軍隊の質について全く知識がなく、ミヤコへのルート上の障害についても我々の知識はごく一部でしかありません。したがって、理解を超えた推測を重ねてもほとんど無意味です。

いずれにせよ、兵庫から大坂、あるいは京に対して海上の艦隊からの物資供給が可能かどうかが大きな問題であった。とくに朝廷や攘夷派大名が抵抗を長期化させた場合、京都占領を維持することは困難だと訴えている。京都侵攻と長期占領策は戦争をドロ沼化させる可能性が高く、また情報も不十分であった。

第三のケース：幕府との戦い

第三のケースは幕府が宣戦してくる想定であった。ミシェルはやはりまず海上封鎖策をとるよう強く主張している。それでも日本側が屈服しなかったら、江戸あるいは大坂攻略に乗り出すべきだというのである。ここでは江戸攻略作戦が述べられ、ミシェル自身が「自信をもって言えるのですが、本作戦の戦場全域は自身で調査しております」と送付書翰で述べているように、その記述は細部にわたっている。

14　江戸、大坂、そして瀬戸内海の数多い小港を最初に封鎖するのが得策だろうと考えられます。

私はこの方向で手段を講じるよう強く推すものです。

これがたとえ失敗しても、江戸あるいは大坂を取ることが必要となるでしょう。

江戸攻略にさほどの困難は見受けられません。

進路の要衝を押える要塞群〔品川台場〕は海軍が最初に攻略しなければなりません。あるいは、必要となれば、陸側から同時に攻撃が行われるべきかもしれません。背後から要塞を落とすのです。

けれども、この後者の計画はお薦めできるとは言えません。

江戸攻略に要請したい兵力は、歩兵一二〇〇〇、騎兵五〇〇、そして強力な砲兵部隊です。

作戦基地は横浜と神奈川になるでしょう。

私の考えでは、神奈川の近くに相応の部隊が野営するのに適した土地があります。

江戸への行軍は二日を要するでしょう。

行軍中の唯一物理的な問題と言えば、道全体が半マイルほど、木が茂った丘の側面を迂回することになることと、〔多摩川〕川を渡らなければならないことです。

船橋は必要となるだろうし、行軍途上の丘は一定の兵力で占拠しなければなりません。

16　江戸に着いたら、公館（Residency）から二、三マイルの丘を奪取すべきです。

この丘は江戸中央部の広大な城塞を見おろしています。

この丘から城塞を砲撃すべきです。その内部の建造物はすべて木製であり、大名やその武装した家臣、そして政府の兵隊で占められています。

この城塞の中で長い時間生きることは出来ないだろうというのが私の意見です。さらに、門は容易に爆破して開くであろうし、かくして城塞を占領しうるでしょう。

この城塞は、数マイルに渡る堀をもち、その幅は広くかつ深く水がたたえられています。堀の内側の壁は大きな立方体状の石のブロック、そして、その胸壁《きょうへき》の外部斜面は芝であり、すべてが完全に整っています。しかし、江戸にいた時、私は砲門や装備された大砲を一切見ませんでした。

この城塞の内側にはある種の内部複廓〔本丸のこと〕があり、ここに大君《たいくん》が住んでいます。ここは城壁から砲撃できるでしょう。落城は容易であると思います。

18　城を攻略すれば、それを確保し、神奈川への連絡路を防衛するには大規模な兵力が必要となるでしょう。もっとも、江戸海上の増援によって、海軍が供給面で安定的な支援を行い得る場合でなければという話ですが。しかしながら、この点はきわめて疑わしいのです。江戸の戦力が神奈川への道筋を確保することに裂かれないとしても、三〇〇〇～四〇〇〇人はさらなる作戦行動に備えておくべきでしょう。

神奈川付近に上陸し、ここにキャンプ地を設定、ついで東海道を陸路東上するというわけである。品川沖の台場群は事前に海軍が押えておくことが前提とされている。大坂作戦に比べ「強力」な大砲隊が要請され、おそらく現在の愛宕山《あたごやま》付近であろうか、江戸城へ向け砲撃を加えるという。日本側の反撃をどの程度に見積もっているのか、まったく考慮されていないが、かなり具体的な内容である。

京都に比べれば戦略的な困難さは指摘されていないが、やはり江戸と神奈川間の連絡確保のためにも、三〇〇〇～四〇〇〇人の予備兵力が必要だと慎重に指摘している。

以上、三つのケース、つまり個別大名か、大坂（さらに京都）あるいは江戸かを攻略目標とする一方で、その前に極力海上封鎖作戦で日本側の屈服を待つべきだというのがミシェルの強調点であった。

ただし、江戸と大坂の同時攻略は規模が大きくなりすぎて無理であり、また必要もないこと、むしろ主要港の封鎖を次の段階にするのが得策と指摘した。戦線を不用意に拡大させるのではなく、海上封鎖の強化を優先すべきだというのである。

19 江戸と大坂、両者を攻略することは、あまりに大規模なものとなり、また経費もかさむことから、そのケースを考慮する必要があるとは考えられません。

20 これら二都市のいずれにしても、主要港に対する全般的な封鎖を次の段階とするのが得策であると考えられるかもしれません。

ミシェルの懸案

作戦計画全般にかかわるミシェルの意見と懸案事項は、覚書の最終段落にまとめられている。

21 結論として明確に理解してもらいたいことは、江戸あるいは大坂攻略は、ミヤコ攻略に比べればさしたる困難を伴うことはないということです。輸送面では、江戸攻略は四分の一の量で足りるし、大坂は三分の一です。そのうえ、江戸については、わが輸送車両が立派に役立つと思われます。概して、日本へ陸軍を上陸させること、とりわけミヤコへの作戦行動にはまったく賛成できません。他のあらゆる手段、とくに強固な封鎖が試された後でなければということです。

この経費は莫大なものとなるでしょう。日本政府が賠償金の支払いを約束したとして、強力で独立的な大名の領地から、彼らがそのような賠償金をいかに引き出すことが出来るのか、私にはわかりません。

結論的に、ミシェルは内陸部への上陸作戦には否定的であった。上陸作戦はごく短期的な集中したものとし、仮に長期化するとしても、いったん海上へ退いて洋上封鎖作戦を重視しようというものである。江戸あるいは大坂の攻略は、海軍との協同作戦もおこないやすく、兵站《へいたん》の確保も容易だとしたが、こうしたことも海上封鎖を含めた他のあらゆる手段を用いた上の最終手段であることが強調された。

また、最大の懸案事項は経費問題である。これは当然本国議会に関係する問題ではあったが、当時の戦争では勝者が敗者から戦費賠償を取るのは当たり前であり、戦費は勝利の後、賠償金に含めて取り立てれば問題ない。が、幕府がたとえ承諾したとしても、独立的な大名たちから賠償金が取れるのか、ミシェルはごくプラグマティックに、ごく慎重に、この点の懸念を表明しているのである。

軍団の輸送計画

次に、ホープ海軍少将による覚書の内容をかいつまんでみておこう。ホープの覚書は、ミシェルが必要とみなした陸軍の兵員と物資をインドから日本まで輸送する艦隊の日程、構成および経費を見積もり、戦時に確保すべき海軍基地等について意見を述べたものである。

スケジュールを考える基本は、ミシェル・メモにあったように、輸送季節に好天候を期すべきだということであり、季節風やマラリア、台風の時期などを勘案したのであろう、きわめて具体的なものとなっている（英国海軍省史料）。

1　兵員をインドで乗船港に移動させ、シンガポールと香港をへて日本へ輸送する際に最も好ましい気候を確保することが重要であり、これが一年のうちのどの時期に遠征を行うかを決定する最高の根拠を与えます。

2　兵員は、北東季節風の終結後にシナ海を抜けて香港まで前進することが確実となるように、シンガポールにはごく早い時期に到着すべきです。通常の季節ならば四月一日がこの必要条件をみたす日となります。また、遅い季節風はこれを二週間は遅らせます。

この結果として、カルカッタとマドラスでの乗船は一五日より下らず、ボンベイでは三月一日より下ることはありません。乗船段階の行軍には涼しい気候、そしてシンガポール渡航には良い晴れた気候が確保されます。

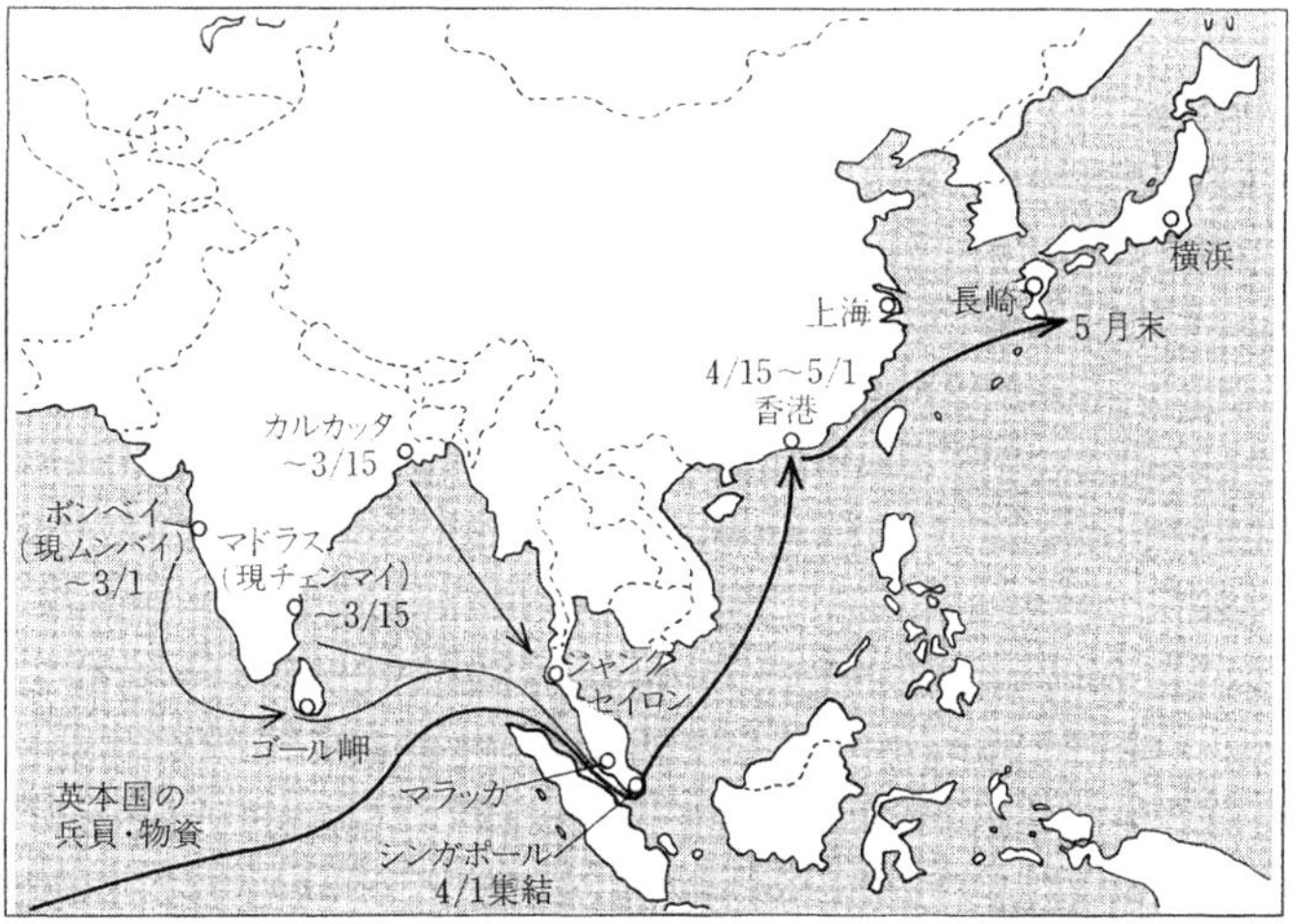

図15　イギリス遠征部隊の輸送計画図

イギリスから送られる兵員と補給品は、同時期にシンガポールに到着すべきであり、〔ベンガル湾〕湾を横切る時には、残りの航路に好天候が予期されていなければならないでしょう。遠征部隊の大部分は遅くとも四月一五日には香港にいるべきで、五月一日には準備を整え、南西季節風を待って日本へ前進すべきでしょう。二週間で到着します。たとえ季節風が遅くなっても、六月一日まで、さもなければ数日早く到着します。

したがって、軍事行動は夏に行われるということになります。その季節中、暑さが実際何か問題を起こすとは考えません。むしろ、長時間の日光、良い天候と雨がないことは、軍隊の作戦行動だけでなく、香港、シンガポール、そしてあらゆる場所からの補給品輸送に一層の便宜をもたらすことでしょう。

上記の記述を要約すると次のようになる。すなわち、インドで召集した兵員と調達物資は、ボンベイでは三月一日までに、カルカッタとマドラスでも三月一五日までに出発させ、四月一日にはシンガポールまで進む。ここでイギリスからの兵員・補給品と合流し、四月一五日までに香港に集結する。五月一日には出港準備を整え、南西季節風を待って日本へ向かい、五月半ば、遅くとも五月末までに日本に到着する（いずれも陽暦）。したがって作戦行動は夏になるというわけである。

一方、問題は輸送艦隊の構成と責任分担であった。輸送船は多く帆船であったから、都合の良い季節風が見込まれなかった際には、蒸気船で曳航《えいこう》する必要があった。ホープの提案は次のようである。

3　もし季節風の状況から必要となれば、カルカッタとボンベイからの輸送船は、それぞれジャンクセイロン〔現プーケット島、マレー半島の付け根〕とゴール岬〔セイロン島南西の端〕まで、インド政府が供給する蒸気船で曳航すべきです。マドラスからの輸送船と、ゴール岬通過後のボンベイからの輸送船は、中国艦隊からの蒸気船と出会うべき同地点まで帆走で前進することになります。そして遠征部隊に付属するこれらの蒸気船は海峡〔マラッカ海峡〕を曳航して通り抜け、シナ海へと入るでしょう。そこから香港まで、帆走もしくは必要があれば曳航して前進することになります。

順当な季節風をうけるまで、遠征部隊は香港から外海まで充分に曳航されることになります。もし風が凪《な》ぐことになれば、日本へ到着するまで必要となれば曳航を続けます。

陸揚げ港の条件には、ボート・桟橋〔上陸用〕に関する運用や、あるいは水の供給に対しての特別な用意が必要というようなことはありません。

次に、帆船と蒸気船の比率をどうするかという問題も解決しなければならなかった。帆船の輸送経費を一トンあたり月一ポンドと見込むと、蒸気船では倍の二ポンドであるという。蒸気船の比重が高いほど、艦隊としては能率的だが、経費は大きくなる。ホープは結論的には、順当な季節風のもとでは「蒸気と帆の比率は一対三」で十分だと指摘し、つまり好天候下で一蒸気船がそれぞれ三艘《そう》の帆船を曳航するものとして計画をたてている。この場合、一トンあたりの輸送経費は月一・二五ポンドになる。

4　帆船の経費を一ポンドと想定すれば、蒸気船の経費はトン当たり月二ポンド、輸送帆船一船団はトン当たり月一ポンドかかることになります。

蒸気船一、帆船三の船団は、トン当たり経費一・二五ポンド

蒸気船一、帆船二の船団は、トン当たり経費一・三三ポンド

蒸気船一、帆船一の船団は、トン当たり経費一・五ポンド

すべて蒸気船の船団は、トン当たり経費二ポンド

蒸気船の比重が大きくなればなるほど船団がより効率的になることは明白ですが、なお考慮したいのは、順当な季節風のもとでは蒸気と帆の比率は一対三で明らかに充分なことです。戦艦を除き、好天候という仮定のもとならば蒸気船はそれぞれ三艘を曳航することができます。

ホープはさらに、曳《ひ》き船として使用する小型蒸気船を用意する必要を論じている。喫水《きっすい》の浅い外輪船で、前後どちらでも舵をとれるものが必要とあり、用途は主に内海や河川での輸送用である。この部品はあらかじめ日本に送り、前もって確保した基地で組み立てる方式を取るべきだとしている。この基地は、遠征部隊の集合場所、あるいは予備軍の基地として用いることになる。覚書では、Oosima（オオシマ）を候補地として推している。

このオオシマについては、「入江は広々としていて陸地で囲まれ、出入りは容易、そし

て瀬戸内海の入り口からたったの六〇マイル」の適地であると説明している。当時英国海軍が持っていた海図から考えると、紀伊大島かとも思われるが定かではない。

六気筒で入手可能なかぎり喫水の最も浅い蒸気船で、荷を積んだときでもおよそ二フィート、空ならば一フィートを越えないものが、兵員や物資を積んだ船を曳航する牽《ひ》き船として、最高に役に立つでしょう。これらの長さは短く、外輪が備え付けられています。どちらの端からでも舵《かじ》をとれ、一日分の石炭と三日分の食糧を積載し、それ以上の物資は曳航すべきです。難なくやり遂げた時には、これらは上海の河川交通に当ててみれば良いのではないでしょうか。

これらは鉄で造られるべきかもしれません。部品を中国に送り、日本で組み立てるのです。

遠征部隊が目的地により早く到達するために、各蒸気船とその付属艦船がバラバラに前進することを認めるならば、集合基地が必要となるでしょう。

この目的のために、同様に、予備軍の基地も考えておかなければなりません。オオシマの入江は広々としていて陸地で囲まれ、出入りは容易、そして瀬戸内海の入り口からたったの六〇マイルしかなく、適地です。

小蒸気船は鉄で設計され、部品はイギリスに注文されなければなりません。そして軍団到着以前に、軍艦の護衛下にこれを組み立てるのに適した場所が与えられなければなりません。後備はテントの用意をすべきです。

ホープ・メモは、第6項でいくつかの追加情報を求め、最後に、輸送すべき兵員と物資の総量はいかほどになるのか、そしてその経費は総額どの程度になるか、アロー戦争のデータをベースにして結論づけている。

7　前回の中国遠征で得られたデータをもとに、軍団の移動のための輸送経費の概算は以下のとおりとなります。すなわち、

歩兵および工兵　一二〇〇〇
騎兵　五〇〇　馬五〇〇
攻城砲兵隊一中隊・砲兵二中隊　六七五
人足　二〇〇〇
輸送用家畜　（馬）五〇〇
計　一五一七五（人）　一〇〇〇（頭）

これは八二一五〇トンとなり、月々の経費は、蒸気船を四分の一とすれば、一〇二

六五〇ポンドとなります。この内訳は以下のとおりです。

歩兵	二四〇〇〇トン
騎兵	八〇〇〇
砲兵	九〇〇〇
人足	三〇〇〇
輸送船	五〇〇〇
病院	一〇〇〇〇
糧食	三七五〇
飼料	一四〇〇
ケーブル船	六〇〇〇
燃料	七五〇
軍事備品	一五〇〇
石炭船	九七五〇
	八二一五〇トン

……

蒸気船	約二〇五〇〇トン	四一〇〇〇ポンド
帆船	約六一五〇〇トン	六一六五〇
計	八二一五〇トン	一〇二六五〇ポンド

この最終的な見積もりの数字は月当たりであり、この規模の軍団を動かすと、輸送経費だけで月一〇万ポンド必要だというわけである。注目されるのは、ケーブル船（Cable Vessel）かもしれない。六〇〇〇〇トンの資材を積み込む予定であり、索具や錨鎖類であると考えられるが、もしかすると電信用の海底ケーブルではなかったか。前線の軍団との連絡用に海底ケーブルが敷設されれば、ひと足さきに日本も電信網で世界と結ばれる準備をすることになっていたのかもしれない（実際の電信開設は一八七一年、ウラジオストック経由で長崎・上海につながった）。

以上、英軍部のメモランダムを検討した。日本側の攻撃を受けた場合を想定し、全体としてアロー戦争規模の軍団を派遣する計画であり、必要とされた予備兵力を加味すればそれを上回るものになっていたことがわかる。

幕府の鎖港要求を日本の全般的な攘夷（外国人追放）方針の発動とみた英国は、かかる大規模な戦争計画（シミュレーション）を想定することでひとつの対抗策を準備していたわけである。

この戦争シミュレーションについて、石井孝は論文「幕末における英国海軍の日本沿岸封鎖計画」（一九四一年）に加筆・修正し、ミシェル・メモランダムの内容を盛り込んで論文集『明治維新と自由民権』（一九九三年）に収録した。同時期に編まれた論文集『明治維新と外圧』（一九九三年）になぜ入れなかったのか、その理由は不明だが、先に紹介した芝《しば》原拓自《はらたくじ》との論争への波及を避けたものと考えることもできる。石井はミシェル・メモをあくまでも海上封鎖計画を補助するものとし、個別的な攘夷事件への対応の延長上に位置づけようとしたが、その議論に十分な整合性があるとは思われない。本書の考察は、石井論文が示しえなかった論点を再整理する意味合いももっている。

海図局の追加情報

ところで、ホープも（メモ第6条）ミシェルもほぼ重なるいくつかの事項を追加情報として要請した。すなわち、第一、戦時に日本で調達可能な食糧・飼料および輸送手段の供給状況、第二、同じく日本近海の種々の島と海岸ではどうか、第三、江戸と大坂近辺の水深、第四、兵庫から大坂への道筋の詳しい状況、第五、兵庫―大坂間の川の水深、第六、江戸城の堀への端艇侵入の可能性などであった。

この問い合わせは、日本の出先機関へ送られたが、英本国でも情報収集がおこなわれていた。その情報源のひとつは海図局に蓄積されたデータであった。

一八六四年二月二日、海図局のリチャーズは、ホープ宛に回答を送付した。このうち、第一項目について、リチャーズはさまざまな物資が日本の開港地で入手可能と報告したが、これは戦時には難しいと現地当局から否定されてしまう。それでも、第三・五・六の諸点については以下のようなデータを披露している。

3　江戸では、フリゲート艦とコルベット艦は満潮時なら二五〇〇から三〇〇〇ヤードまで台場へ接近することができるでしょう。そして干潮時には一〇〇〇ヤード遠方になります。七、八フィートの〔喫水の〕砲艦ならば、満潮時には台場の内側を通り抜けて上陸地点まで進めるでしょう。オズボーン艦長の調査に拠っています。そして小潮の満潮時には五フィートの喫水の浅い砲艦です。大坂では、干潮時には河口から一マイルで三尋《ひろ》あり、満潮時にはどの砲艦でも川に入ることができるのはほぼ確実です。そしておそらく五マイルで上流の町へ到達します。かくして、砲艦は陸軍の川岸占領に大きな力となるでしょう。

5　兵庫から大坂まではおそらく二〇マイルを越えることはないでしょう。何がしか重要でたったひとつ知られている流れは、兵庫川です。前者の地点から行軍一日の距離にあり、この流れを平底のボートならさかのぼることができるに違いありません。
艦隊がある箇所から他へ行軍中の陸軍に物質的に援助することができることは確かに思えます。すべての海岸を砲艦とロケット艦で制圧しうる可能性がより高くなります。兵庫川から堺《さかい》の町までの部分はおそらく大坂川の三角州《さんかくす》のための肩口にあたりますが、それでもこの川も大型ジャンクやたぶん砲艦が航行可能です。これによって陸軍は物質的な支援を受けられるでしょう。

6

〔江戸城〕遠回りの水路ですが、長吏堀と海まで掘割はつながっています。しかし江戸城周辺の堀は葦や他の障害物でおおわれ、ボートは使えません。
日本と開戦した際には、わが測量艦スワロー号がおそらく司令官のもとにしたがうよう命じられることでしょう。何がしかの疑念や不確実さにただ答えるだけではなく、かかる疑問にかかわるより一層の情報を彼に提供する目的です。

開戦時には測量船を派遣すると記しているが、海図や海図作成のための測量船のデータが海図局には蓄積され、こうしたかたちで活用が図られていたのである。では、有事に備えて他にはどのような情報収集活動がおこなわれていたのだろうか、次節ではこの点をご紹介してみたい。

その前に大事な論点に触れておきたい。

英国の手を縛るもの

もちろん英国政府といえども、日本との戦争を自由にできるわけではなかった。英国の軍事力とて無制限ではなかったし、蔵相グラッドストンによる軍事費削減の動きもはじまっていた。議会を舞台にした市民社会の監視も無視できないものだったのである。戦争をはじめるとなれば、それなりの正当な理由がなければならなかった。

生麦事件《なまむぎじけん》の際には、民間人の殺傷という事件が最大限に利用されたが、その賠償請求でさえ、前述のように議会ではむやみに戦争を惹起《じやっき》するのかと追及されたのである。

また、人道的行為に反した戦争のやり方もただちに批判のやり玉にあがった。鹿児島戦争におけるキューパー司令長官の戦況報告は、海軍省から発表され、タイムズ紙に掲載された。旗艦の正副艦長を失うという損害を出したキューパーは、鹿児島の町をすべて焼き払ったと戦果を強調したが、これがかえって仇《あだ》となった。

マンチェスター学派の代表者で自由貿易主義者として知られたコブデン（一八〇四―六五）は、一一月四日、自らの選挙区でもあるロッチデールの市長に対し、会合への参加が

図16　1863年の駐日外交官と海軍司令官
前列右から，書類を手にする英ニール代理公使，仏艦隊司令長官ジョレス准将，仏ベルクール代理公使，後列右より米プリュイン弁理公使，英艦隊司令長官キューパー中将，英艦エンカウンター艦長デュー大佐．

難しくなったという書翰のかたちでこの行為への非難を表明した（一八六三年一一月一〇日付タイムズ紙、内川芳美・宮地正人監修『国際ニュース事典　外国新聞に見る日本』）。

私は、われわれが日本でとった行動についての、発表されたばかりの公信を注意深く読んできました。それは、平静に受け取ることがむずかしいほど、恐ろしい話です。……さて、事前の予告もなしに、十万人もの都市に突然砲火を浴びせる破壊が何を意味するか、ちょっとの間に考えてみてほしいと思います。

そのような町には普通、母親の胸に抱かれた何百という幼児、五歳以下の何千という子供たち、患者を収容している病院、死を前にしてよたよた苦しんでいる多数の老人や弱り果てた人たちがいるものです。そこにはまた、陣痛の迫っている妊婦たちもいるに違いないし、死者を悼む悲しみに包まれて葬送の儀式を待っている家々もあるでしょう。……今や、この巨大な商業都市が、そのすべてのものとともに、四八時間以内に灰の山になってしまうことを頭に描いてごらんなさい。その住民たちの運命に思いをいたしてごらんなさい。そして、この恐ろしい破壊をもたらすことが、どんなに大きな罪を犯したことになるのか、あなた自身に問うてみることです。

鹿児島全市を焼き払うとは、非戦闘員に対する無差別攻撃ではないか、無関係の市民に対する大量殺戮ではないかという批判であった。

米国でも「なんの警告も合図もしないまま、男女、子供合わせて十八万人の人が住み、紙と木でできた建物が集まっている町を、故意に砲撃し火をつけた」（一八六三年一一月二四日付ニューヨークタイムズ紙、同前）と、英国に対する非難が出されていた。

一件は下院議会にも持ち込まれ、文明諸国が従うべき「戦争の慣行」（戦時国際法）に背く行為として、遺憾とする動議が提出されている。ただし、二月九日、パーマストン内閣はこれを賛成八五・反対一六四で否決し、キューパーとしても事なきを得たのであった（一八六四年二月一一日付タイムズ紙、同前）。

武力行使は生命・財産の保護に限定

元来アロー戦争後のこの時期、英国外務省は新たな武力行使ないし武力による威嚇《いかく》を厳しく制限していたのも事実であった。たとえば一八六一年四月八日（文久元年二月二九日）、英国公使オールコック宛外相ラッセル訓令は以下のように規定している（『大日本古文書・幕末外国関係文書』五〇、二〇〇四年）。

……かの条約〔通商条約〕によってわが国に確保された諸権利の遵守《じゅんしゅ》を、他の諸手段によって強要することを不可欠にするように、日本の幕府〔政府〕により余儀なくされることは、政府〔英国〕の深く遺憾とするところでしょう。

しかしながら、とにかくも貴下が常に心がけておくべきなのは、英国臣民及びわが国と友好関係にある諸列強の臣民たちの生命及び財産を護るため直接行動が必要とされる場合を除いて、武力行使あるいは武力による威嚇すら用いるべきではないというのが、英国政府の要望だということです。

この訓令は、一八六一年、ヒュースケン暗殺に対して横浜退去で応じた際に事後的に出されたものであり、以後たびたび確認される大原則であり、このような武力行使の制限は一貫した一般原則であったと考えられる。

この一般原則がありながらも、実際には生命・財産の保護という名目を最大限利用することによって、武力発動が正当化されていくのが、一九世紀という時代なのである。

対日戦争のための情報収集

一八六三年（文久三）から六四年（元治元）にかけて、注目されるのは英国が香港《ホンコン》から呼び寄せた陸軍工兵隊の活動である。工兵隊長レイ少佐に率いられた工兵隊員は、各地の日本側砲台の情報を収集するとともに、各開港地の防衛計画を立案している。この情報収集活動を、彼らの作成したレポートから具体的にみておくことにしたい。

横浜居留地の防衛計画

一八六三年後半から六四年にかけて、日本における攘《じょう》夷《い》熱の高まりと幕府の鎖《さ》港《こう》要求に直面した英国は、対日戦争の可能性を憂慮するとともに、居留地の防衛計画を検討し始める。

横浜居留地の防衛構想に関しては、一八六三年五月一〇日（文久三年三月二三日）付の

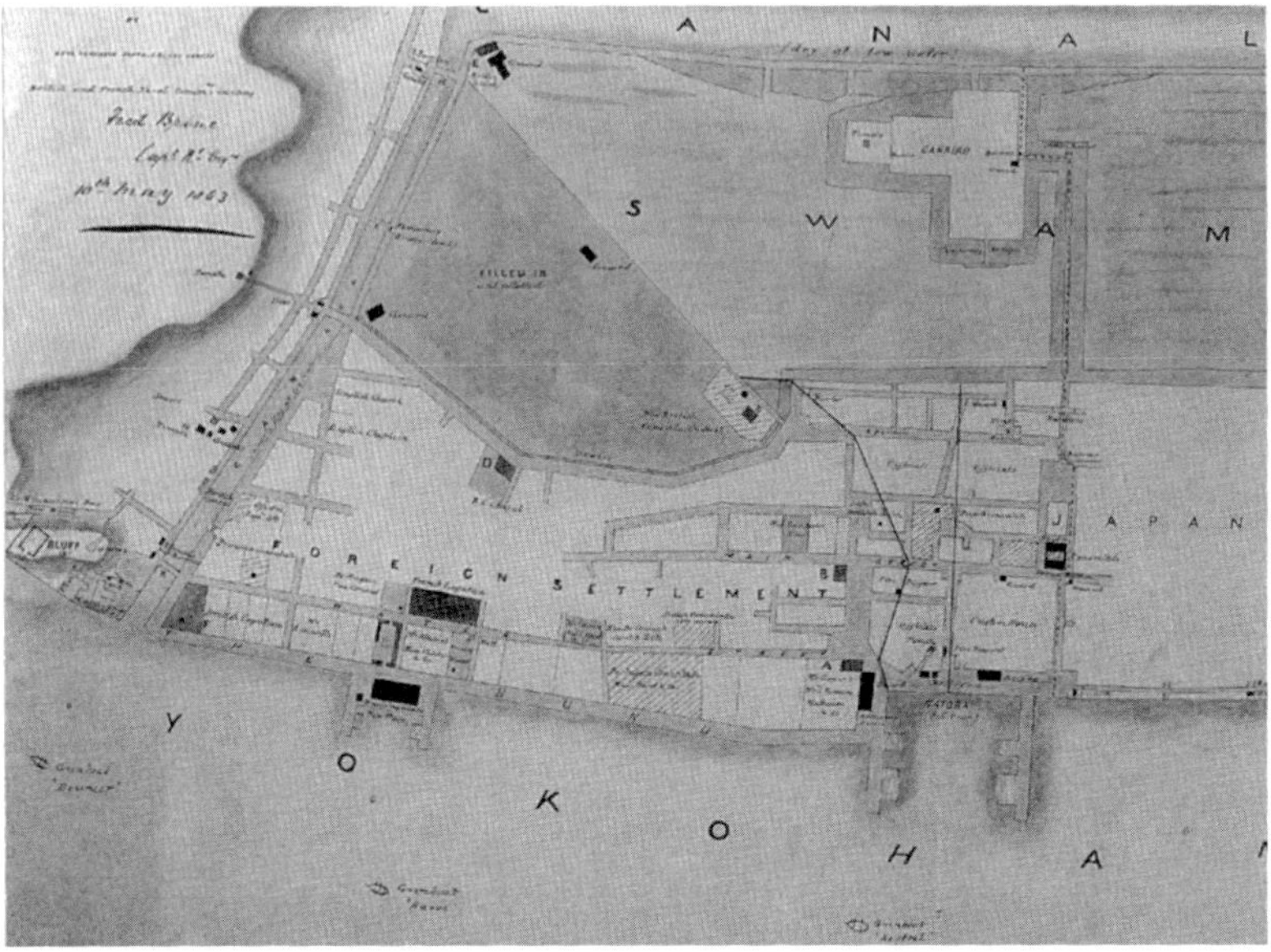

図17　ブライン作図の横浜防衛図

1863.5.10, MR 1.165.1. 対日交渉が決裂した場合に備え，警備兵を配置，右手の日本人居住区とのあいだに何重かの防御ラインを設定した．海上には砲艦を並べ，基本的には沖合の軍艦に待避する時間稼ぎの計画である．(NAUK所蔵)

ブライン工兵大尉によるもの（図17）、さらに一八六四年二月一五日（元治元年一月八日）付の香港の英陸軍補給局次長をつとめたロバーツ大尉による計画書と図面の存在が知られている。影山好一郎はこの二つの計画についてすぐれた分析をおこなっている（影山好一郎「横浜外国人居留地の防衛」横浜対外史研究会・横浜開港資料館編『横浜英仏駐留軍と外国人居留地』）。

影山論文によれば、ブラインの構想は多勢の奇襲攻撃に対して、三重の防御線を設定し、居留地一体を陣地化して防衛しようというものであった。基本的には市街地部分の日本人街側に第一線、第二線が設けられ、居留地の周囲が最終第三線である。これに対し、ロバーツの構想は、むしろ日本との全面戦争をも想定した戦略的な防衛構想になっている。横浜周辺の丘陵上に外回りの戦略的要地（数か所）を確保し、ここに大砲十数門と兵員二〇〇〇以上を配置する、また、居留地周辺の内回りには要所にバリアーゲート（扉付きの木柵）を置き、歩哨《ほしょう》を立てて常時警備するという構想であった。

この二つの構想は、横浜居留地に対する相当規模の襲撃を想定し、とくに後者は幕府ないしそれに匹敵する勢力が攻撃した場合を考慮している。

図18は一八六四年三月二八日（元治元年二月二一日）付で作成された工兵隊長レイ少佐

のレポートに付属した横浜防衛図である。図18のレイの図面とレポートには、いわゆる外回りの部分に対してとくにコメントはない。問題にしているのは内回り、外国人居留地の部分に限られている（英国陸軍省史料）。

レイ・レポートは攻撃の可能性として、①一、二の攘夷派大名（anti foreign で外国人絶滅 extirpation を狙うもの）の指揮下にわずかな規模の兵力による攻撃がある場合、②幕府かそれ以上の党派の指揮下に大規模な兵力による攻撃がある場合、の二つを指摘した。このうち②は通常の軍事作戦と同等であり、実際、これは戦争そのものなので、ここでは立ち入らないとし、①のケースへの対処策のみを論じている。つまり、ブラインやロバーツのような大規模襲撃の想定ではないのである。

レイが想定した具体的な襲撃イメージは、一〇〇人程度の兵力が手分けして居留地に侵入し、それも夜間に各所へ放火、波止場方向へ逃げようとする居留民を待ち伏せて殺戮《さつりく》するというような筋書きである。レイは、現在何も防御措置のとられていない横浜居留地では、日本人街から一隊が直進的に行進してきても阻止するものは何もないと警告している。対策として、少なくとも居留地の周囲に二四時間体制の歩哨線を確保することが必要だとした。そのための具体策は以下のようであった。

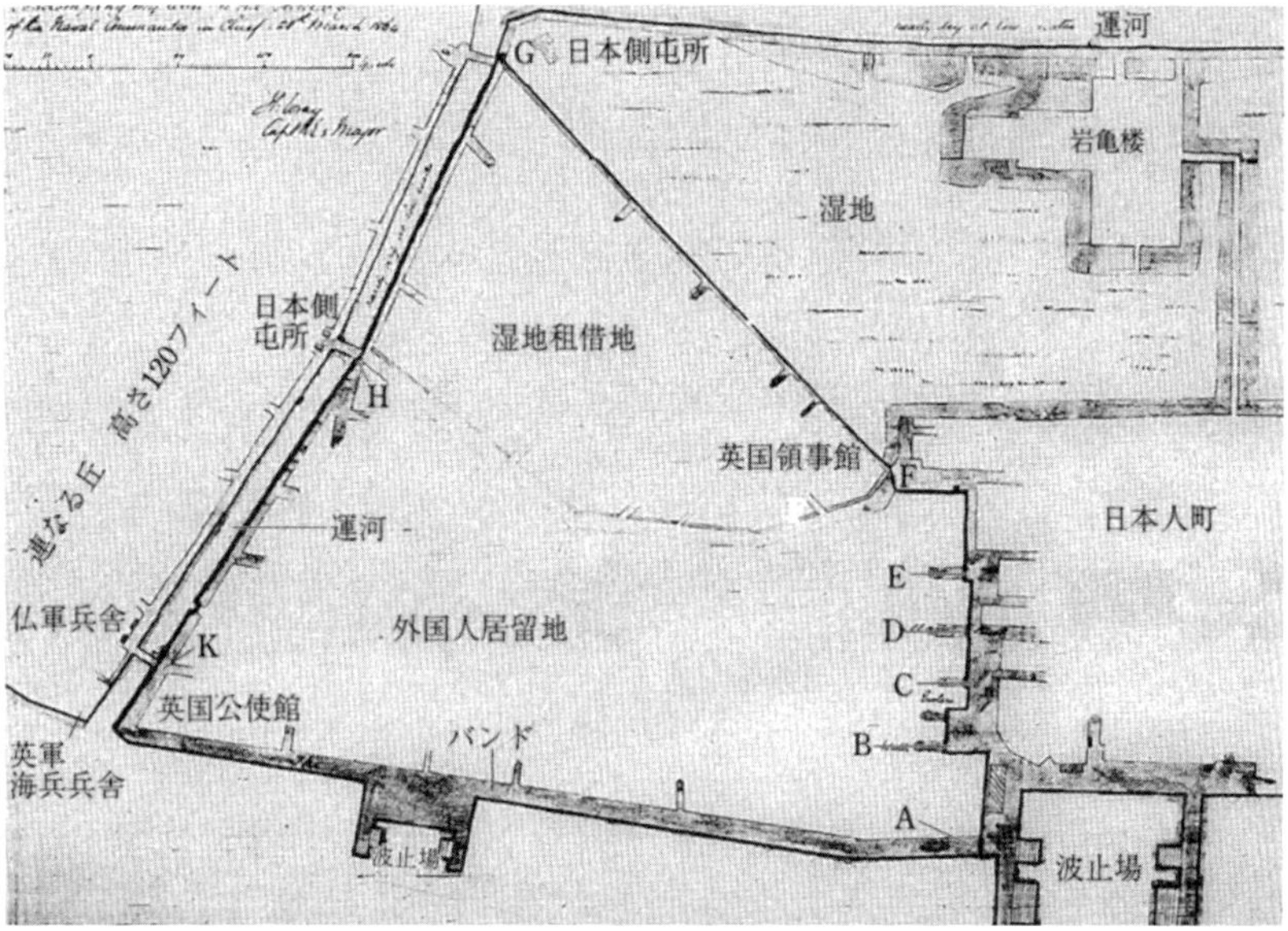

図18　レイ作図の横浜防衛図

1864.3.28, FO 46/44.（NAUK 所蔵）

A—波止場北端　B—ウォーター通り　C—アイスラー西通り
D—メインストリート　E—次の通り　F—領事館角
G—上の橋　H—中の橋　K—下の橋

ＡからＫの各地点には、二人一組からなる複哨が置かれた。すなわち、Ａ地点（波止場北端）、Ｂ地点（ウォーター通り）、Ｃ地点（アイスラー西通り）、Ｄ地点（メインストリート）、Ｅ地点（次の通り）、Ｆ地点（領事館角）、Ｇ地点（上の橋）、Ｈ地点（中の橋）、Ｋ地点（下の橋）である。このうち、ＡからＦは日本人居住区から連なる通りとの接点に当たる。湿地帯を突っ切るＦＧ間六五〇ヤードは単哨三名、河川沿いのＧＨ間三五〇ヤードとＨＫ間四〇〇ヤードはそれぞれ単哨二名ずつ、海岸通り（バンド）のＫＡ間一〇〇〇ヤードは単哨四名を配置するものとした。

歩哨所は、第一：ガワー宅（Ａ地点すぐ脇）、第二：メインストリート、第三：領事館、第四：上の橋、第五：中の橋、第六：下の橋の六か所に置き、合計して士官二名（第一と第四）、下士官一四名、兵卒八七名が配置される。常時必要な当番哨兵は二九名であるから、この人員で三交替分は確保できるわけである。

レポートでは、三夜就寝を許すと士官八名と下士官・兵卒合わせて四〇四名が必要だと表現されている。これはつまり、二四時間の歩哨所勤務は四日に一回と計算され、当番兵の四倍の人員が必要とされているのである。これに、病人や欠格者、看護兵、兵営自体の歩哨を考慮すると士官・兵卒合わせて五〇〇名の兵力が求められるという。

次に、歩哨は矢来《やらい》（Barrier）の内側に立ち、単身忍び込んでくる敵兵から身を守る保障とした。居留地の外周を囲み、通りの入り口を固めるために次のような施設、そして経費が必要と見込まれた。

柵（Fence）：海岸通り北端　六〇ドル
矢来（Barrier）とゲート（gate）：その他の通り五か所　一二〇ドル
矢来：領事館　一〇〇ドル
柵と堀割（ditch）：領事館から上の橋まで　三〇〇ドル
矢来ゲート（Barrier gate）：上の橋・中の橋・下の橋　六〇ドル
歩哨所：六か所　六〇〇ドル

この施設の設置経費は総額一二四〇ドルである。これとは別個に兵営そのものの建設費・土地代が必要で、その金額は二万ドルを下らないだろうというのがレイの見積もりであった。このレイ・レポートは、横浜居留地を攘夷派の襲撃から防御するための最低限の計画であった。

長崎砲台の分析

対日戦争の可能性が急激に高まるなか、横浜居留地の次に重視されたのが長崎居留地であった。長崎の日本側砲台については複数の報告書が残されている。

レイ工兵少佐は、一八六四年四月一二日（元治元年三月七日）、香港の副長官代理に対してレポートを提出し、長崎湾内で観察した砲台の情報を付図として添付した（英国海軍省史料）。これは英国海軍省作成の海図第二四一五号「長崎湾図」に砲台の位置を書き込んだものである。レイは離日直前の一八六五年一月にも長崎を再び訪問し、二月三日（慶応元年一月八日）付で補足レポートを書いている。

一八六四年二月二五日（和暦一月一八日）から二七日にかけて、レイは英艦アーガスの艦上から長崎砲台を調査した。二六日には端艇《たんてい》を出して湾内を見回ったという。その結果、彼は総計一一六門の大砲を確認したが、湾の入り口にあたる高鉾《たかほこ》島の砲台などを見落としたため、長崎湾の入り口と内湾の大砲総数は一五〇を下らないだろうと推測した。

レイ報告には、砲台は木を切らずにその間に砲門をかまえているため、生い茂った草木によって隠蔽《いんぺい》されていること、大砲は移動砲架に据えられ、多くは三二ポンド砲であること、第七と第九砲台には外国製の真鍮《しんちゅう》砲があり、オランダないしロシア製であろうこと、しかしほとんどの大砲は日本製であること、などが述べられている。

注目されるのは、施条砲《せじょうほう》に関する以下の記述である。

町を散策しているうちに、ある私邸の中庭に野戦砲を見ました。近づいて見ると、通常の野戦砲架に据えられた約十二ポンドの施条真鍮砲であることに気づきました。施条（rifling）はコルト短銃と似かよっており、前込めでした。その家屋に住んでいる侍らが言うには、これは長崎の工場で鋳造され施条されたとのことです。

施条銃砲は、アジア・アフリカ地域における列強の軍事力優位を保障する新兵器であったから、この種の武器に対する注目度は高い。ここでは一二《ポンド》の前装施条野戦砲が観察され、コルト式すなわちアメリカ式のライフリング（施条）が施されていたというのである。長崎の工場とは長崎製鉄所のことで、オランダの援助を得て建設した海軍工廠《こうしょう》だが、ここでどのような大砲鋳造をおこなったのか、これまではほとんど知られていない。

しかし、レイはよほど気になったのであろう、のちの六五年一月にはオールコック公使とともに長崎製鉄所を訪問して実地見分している。彼のレポートには、オランダ式の工場の優秀さとともに、ただし日本人が独力でおこなおうとするゆえに十分な技術理解がなく、余頭《よとう》（deadhead）なしに芯入れ鋳造をおこなうために多くの気泡が銅製砲身に生じ、これを混ぜ物でふさいで塗料で覆っていると観察している。余頭とは、鋳造の際に砲の先端部に余分な部分を用意し、冷却時に気泡がその部分に溜まるような工夫であり、これは実《じつ》鋳法《ちゅうほう》（芯型を入れて鋳造するのではなく、中繰りして砲腔《ほうこう》を切削《せっさく》する方式）とともに、この時期ようやく日本でも採用されようとしていた段階である。鋳鉄にいたってはより悪く、蒸気シリンダーにも気泡が生じており、これでは蒸気を炊いた途端にいかれてしまうだろうと酷評している。この観察は断片的なものではあるが貴重な証言である。

長崎の砲台群の胸壁は厚さ七、八フィートを超え、砲手の防御は何もないこと、砲台は数が多く、さらに異なった標高にあるため、攻撃艦隊の水路が狭すぎて同時にいくつもの砲台を相手にすることは不可能であること、を指摘した。彼は結論として以下のように述べている（英国海軍省史料）。

砲台数の多さ、多様な水平分布と艦船が接近しなければならない海峡の狭さから、私が思うには、砲台がたとえ十分に機能しなかったとしても攻撃はおそらく失敗するでしょう。あるいはいずれにしても多くの人命と、おそらく何がしかの艦数は犠牲になるでしょう。……外国人居留地は、一方面軍に相当する兵力がなくてはまったく防衛することはできません。居留地は丘に囲まれ、海図が示すように、どこからでも一、二門の軽砲で一、二時間のうちにたたくことができます。戦時にはまったく日本人のなすがままになるに違いありません。そのような場合には、手段はひとつしかないというのが私の意見です。つまり外国人住民は船に乗って、できるだけ速やかに湾外へ逃れるのです。

つまり結論は、日本と開戦した場合には長崎居留地の防衛は無理だということである。この評価は、中国ステーションの司令長官キューパー中将とも一致した。キューパーはこの二月、本国へ同趣旨の報告をおこなっていたのである。

長崎砲台に関する情報は、このレイ報告のほかにも、四月三〇日付で長崎から発信されたスループ艦パーシュース号のレポート（同前）、そして六月二九日付のブライン工兵大尉の報告図がある（英国陸軍省史料）。

パーシュースのレポートは、四月一三日および翌日の両日、同艦が湾外でおこなった砲撃演習の行き帰りに艦上から観察したものである。これはキューパーの要請により、以前の調査の正確さを確認するためのもので、対象は内湾部に限られている。レポートは以前の調査はおおむね正確であるとした上で、大砲の口径が小さめに評価されているのではないかと指摘している。いずれにせよ、砲台内に立ち入ることはできないので、接近した上での観察データだとことわっている。

ブラインの報告図（図19、部分）は、約六万五〇〇〇分の一の縮尺で野母《のも》岬《みさき》から長崎湾

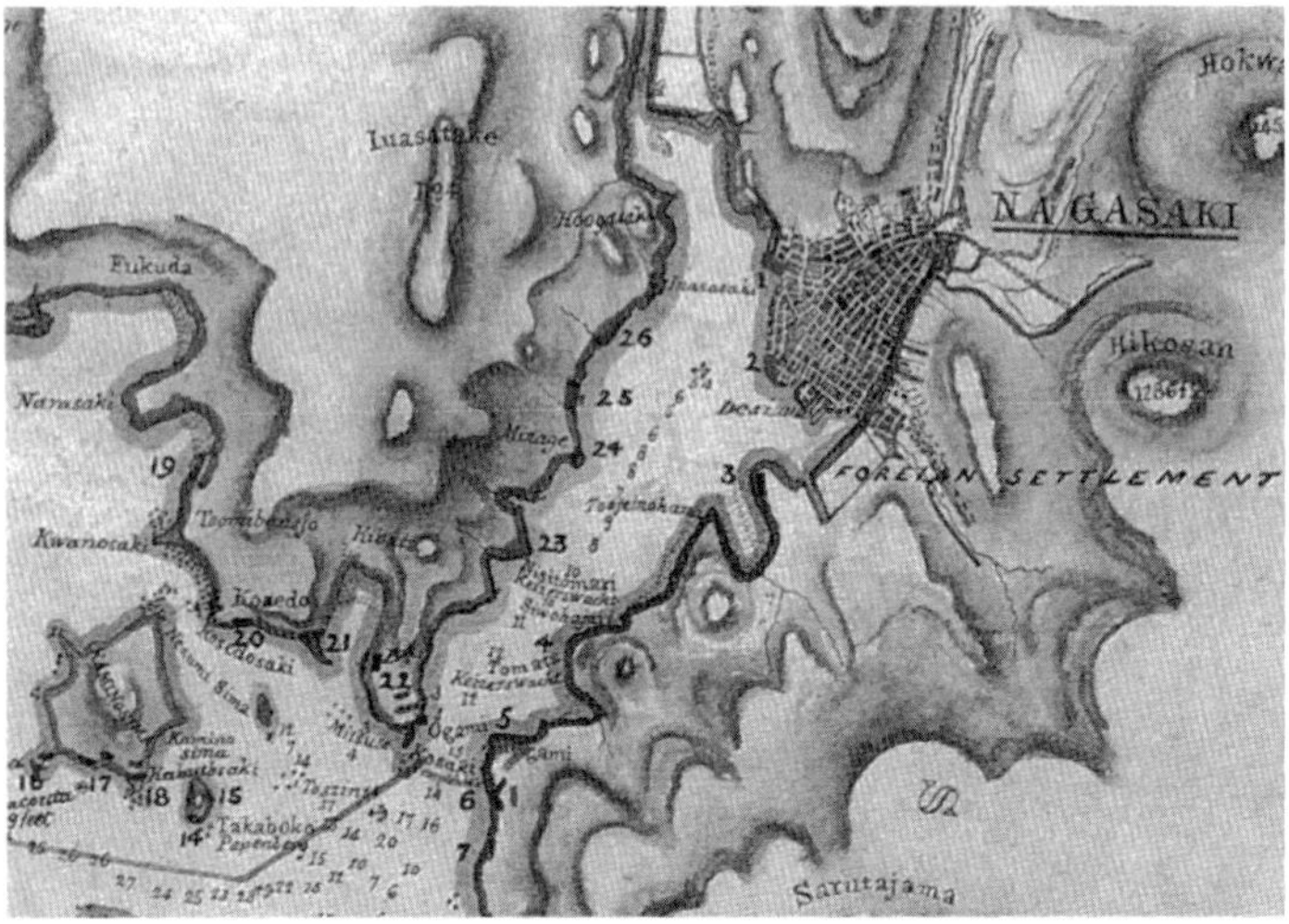

図19　長崎台場図

MR 1.165.1.　1864年6月29日ブラインレポート付図．砲台には番号が付され，砲種と砲数が書き込まれた．（NAUK所蔵）

図20　ブライン工兵大尉

外国奉行柴田剛中旧蔵名刺写真．

一帯を描いた彩色図である。陸軍省地理局による一八六四年一一月一二日（元治元年一〇月一三日）付の受領印が上部にあり、一連の下関戦争関連の資料とともに、本国陸軍省に送付された図面類のひとつである。図面は新旧砲台のおおよその位置を示すとともに、海岸線に色分けをして支配領域を表示している。

この三つのレポートが、それぞれどのような観察データを残したのか、一覧表にしたのが表5である。大砲の数や砲台の位置には相当のばらつきが感じられるが、これは隠蔽された砲台を海上から観察している以上、避けられないことだったのかもしれない。

箱館と蝦夷地

一八六三年九月三〇日（文久三年八月一八日）、ブライン工兵大尉は英国通報艦コーモラント号で箱館へ向かった。一〇月五日、箱館に到着した

表5　長崎台場一覧

	一八六四年四月一二日付レイ報告	四月三〇日パーシュース号報告	六月二九日付ブライン報告
湾内奥	No.1　掩蔽砲、数量不明、高さ60フィート No.2　重砲6門、露天、高さ10フィート、岩崖の上に杭柵のある砲台 No.3　砲眼6つの砲台、砲は見えず、15フィート、背面に杭柵	…… No.1　8インチ砲4門、32ポンド砲2門、小砲3門 No.2　口径不明3門	…… No.1　砲9門・不明1 No.2　砲7門

	一八六四年四月一二日付レイ報告	四月三〇日パーシュース号報告	六月二九日付ブライン報告
湾内東岸		No.3　24ポンド砲8門 No.4　口径不明3門	No.3　砲2門 No.4　砲7門
湾内西岸			No.26　砲6門・臼砲3門
	No.4　砲6門、露天、40フィート	No.21　24ポンド砲10門	No.25　砲9門
	No.5　砲3門、砲眼あり、50フィート		No.24　砲6門
	No.5A	No.20　18ポンド砲8門	No.23
	No.6　砲5門、露天、90フィート	No.19　18ポンド砲5門	
湾口女神崎	No.7　真鍮巨砲5門、露天、30フィート	No.5　24ポンド砲5門	No.5　砲6門・臼砲3門
	No.8　真鍮砲6門、露天、40フィート	No.6　32ポンド砲8門・小砲2門	（No.6　砲21門）※
	No.9　真鍮砲5門、露天、50フィート		
湾口神崎	No.10　砲7門、露天、90フィート／大砲3門、上部稜堡、120フィート	No.17　24ポンド砲7門 No.18　32ポンド砲4門	No.22　砲13門・不明1
湾口東側（魚見岳）	No.11　砲5門、塔型砲台、80フィート／砲4門、第2、150フィート／砲3門、最上部、160フィート、以上すべて露天	No.7　24ポンド砲3門・小砲2門 No.8　24ポンド砲7門・小砲2門 No.9　24ポンド砲8門	（No.6　砲21門）※ （No.7　砲18門）※
			No.8　臼砲2門
高鉾島	No.12　砲数不明、90フィート	No.13　18ポンド砲5門・小砲2門 No.14　24ポンド砲9門	No.14

		No.15　24《ポンド》砲2門	No.15
小瀬戸〜鳴崎付近			No.21　砲3門
	No.13　砲2門、露天、70《フィート》		No.20　砲3門
	No.14　砲3、4門、露天、30《フィート》		
			No.19　砲11門
神ノ島四郎島	No.15　砲6門、露天、15《フィート》	No.16　68《ポンド》砲4門・32《ポンド》砲2門・18《ポンド》砲1門・臼砲1門	No.18
	No.16　砲6門、うち3門砲眼あり、3門露天、10《フィート》		No.17　不明1
	No.17　砲8門、砲眼あり、10《フィート》	No.11　68《ポンド》砲8門・8《インチ》砲12門・32《ポンド》砲7門・臼砲2門	No.16
	No.18　砲8門、露天、20《フィート》		
	No.19　30〔　〕、150《フィート》		
		No.12　18《ポンド》砲1門・臼砲1門	
香焼島付近	No.20　〔　〕砲4門?、露天	No.10　32《ポンド》砲17門	No.9
	No.21〜23　大砲見当たらず、据えられるとすれば露天、高さ約50《フィート》		
伊王島			No.10〜13

※〔No.6・7〕については地点が特定できなかった。

彼は、二週間以上かけて箱館とその周辺を調査している。

この時三つの図面が作成され、翌一八六四年六月二九日（元治元年五月二六日）付のレポートとともに香港で提出されて、陸軍省地理局に送付受理された。

図21は、弁天岬台場《べんてんみさきだいば》図である。この洋式台場は、安政三年（一八五六）に着工し、文久三年（一八六三）年には完成していたはずだが、ブラインの図面ではまだ建設中とされている。台場は六面形で、海面を埋め立てて石垣が組まれ、前面左右が各七三間《けん》、周囲合計三九〇間余であった。図面は二四〇〇分の一で描かれており、断面図では石垣部分の高さが二二フィート、土塁《どるい》の頂点まで約四〇フィートである。また、台場内には九つの防弾弾薬庫が置かれたとあり、土塁沿いに深さ・幅とも二フィートの排水路がぐるりと廻り、南側の入り口付近を通って運河に落とされている。

ブラインの記述によれば、安政《あんせい》の大地震で伊豆で沈んだロシアのフリゲート艦ディアナ号の五・五インチ砲一二門、七・五インチ砲一二門の計二四門がこの台場に配備され、木製の旋回砲座（前部旋回軸）に設置された。台場としては江戸や神奈川の海上台場に酷似し、また、さほどではないが鹿児島の台場にも似ていると観察している。

図22は言わずと知れた五稜郭《ごりょうかく》、すなわち亀田台場図である。五稜郭も弁天崎台場と同

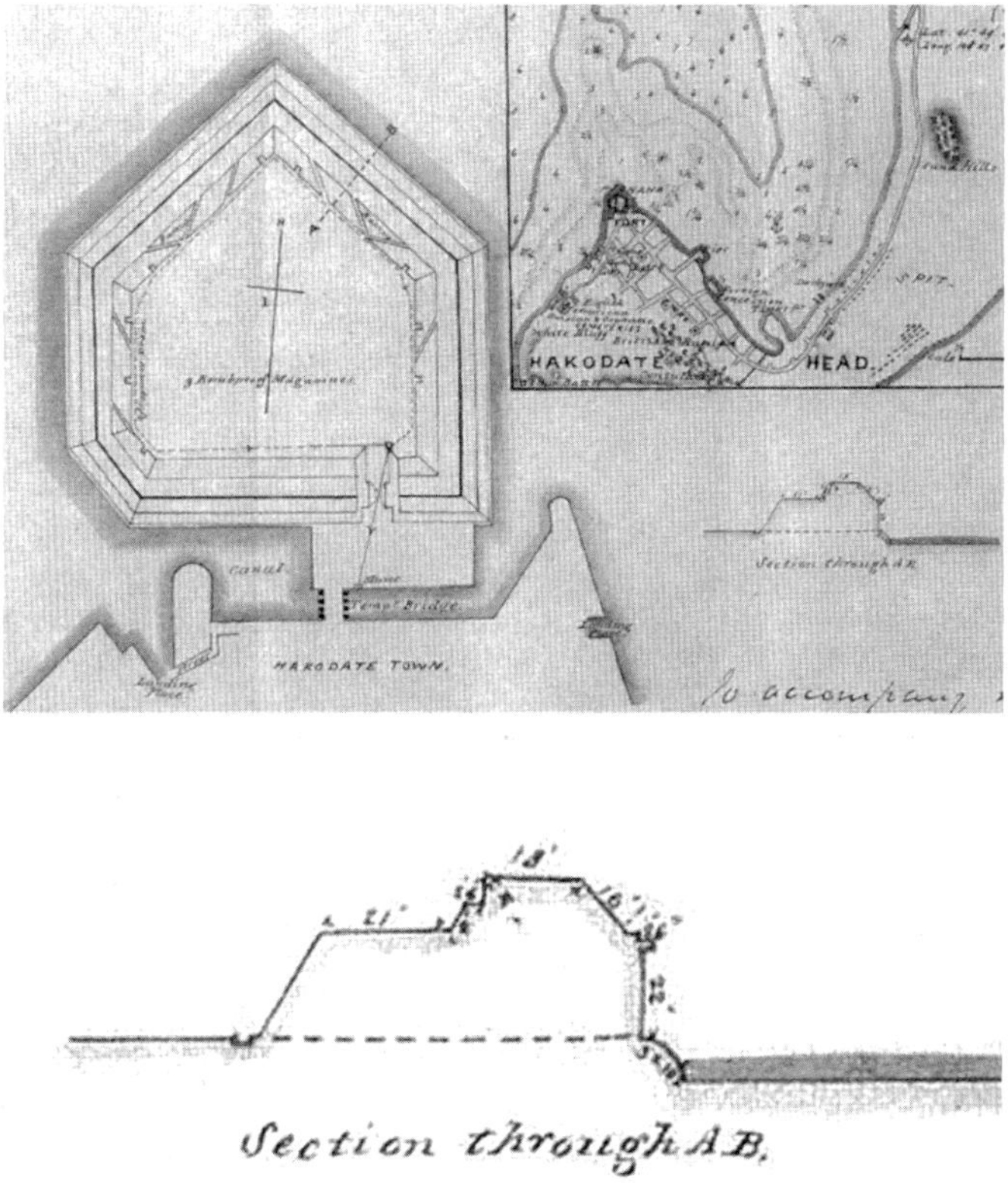

図21　箱館弁天砲台図（上）と断面図部分（下）
MR 1. 165. 3.　1864年6月29日ブラインレポート付図．ロシア艦ディアナ号の備砲であった5.5インチ砲22門，7.5インチ砲2門が配備されていた．（NAUK所蔵）

時期に着工し、完成は元治元年（一八六四）であり、この時期はまだ建設中である。五稜郭には箱館《はこだて》奉行所が置かれ、完成時には中央に大規模な庁舎が建設された。

本図では庁舎などは略図化され、全体構造も大雑把な輪郭が記されているにすぎない。実際には築造されなかったはずの北側斜堤（堀の外側を取り巻く部分）も描かれており、完成予想図であるのかもしれない。図21と同じく二四〇〇分の一で描かれ、断面図が付けられている。土塁の頂点は三〇フィート《フィート》（約九メートル《メートル》）となっているが、現在のカタログ・データによれば、五〜七メートル《メートル》のはずである。また、北東と南西側にある堀沿いの小土塁も省略され描かれてはいない。

この一方で、南側出塁部の掘割《ほりわり》の水門や、北側入り口の斜堤下から台場内へ引き込まれた水道管が描かれているのは興味深い。掘りぬき井戸（Artesian Well）から橋の下を通して、六インチ《インチ》（約一八センチ《センチ》）の木製水道管が敷かれている。

ブラインは箱館奉行と交渉して、一〇月一二日から一八日にかけて、周辺部の踏査旅行をおこない、旅行図を作成している。これが三つめの図面である。箱館も周辺一〇里の外国人遊歩地域が設定されていた。当初、ブラインは松前《まつまえ》訪問を希望したが、大名領の訪問は望ましくないとされ、代わって箱館から三〇里離れた金鉱や途中の湖、鉛鉱山の見学を

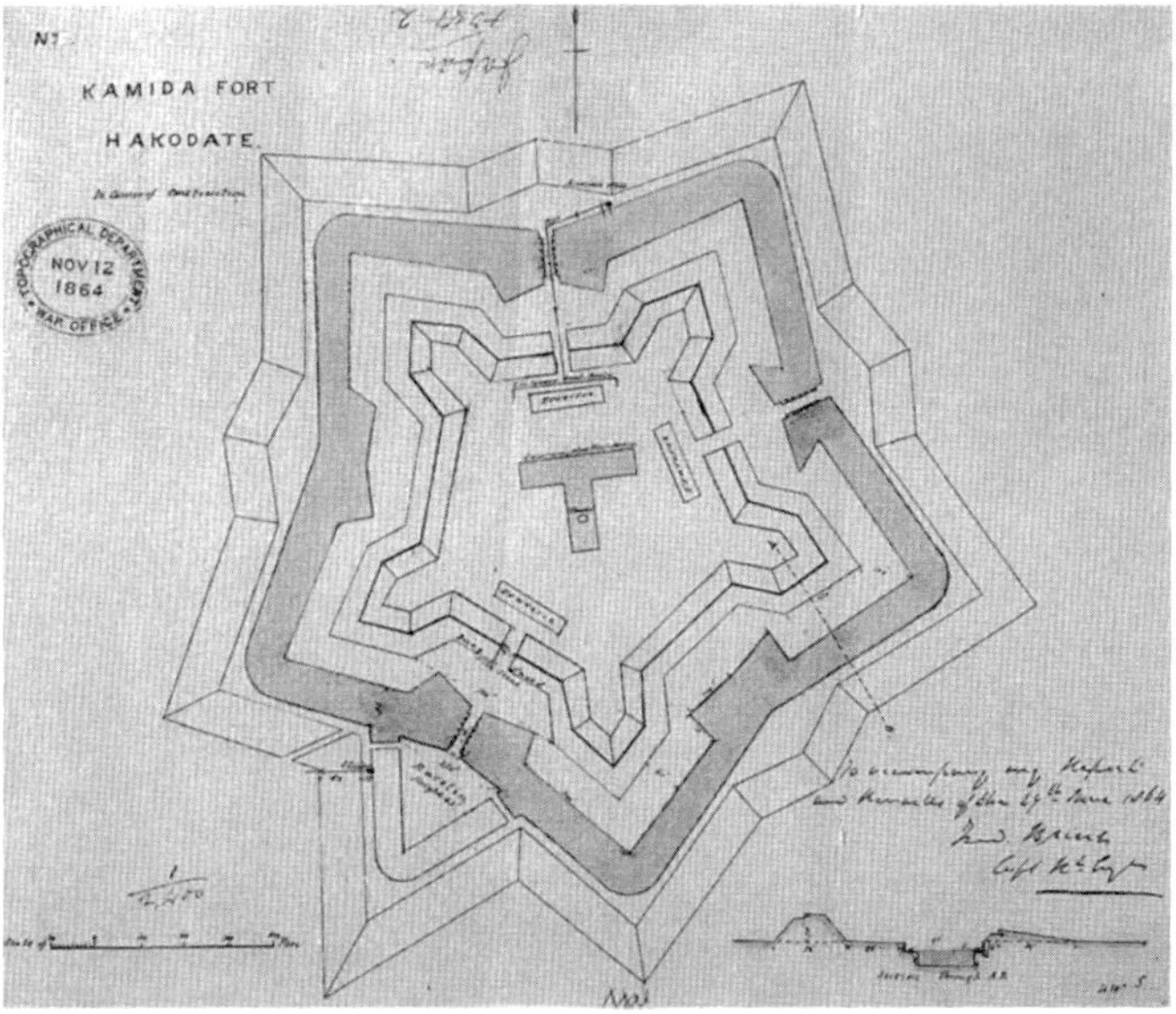

図22　五稜郭図
MR1. 165. 3，1864年６月29日ブラインレポート付図（NAUK所蔵）

持ちかけられたという。

ブラインは二二日にコーモラント艦で箱館を発ち、二五日には横浜へ帰着した。二八日、英国代理公使ニール宛に書翰を送り、箱館における調査事項を報告している（英国外務省史料）。ブラインの行程を復元すると以下のようになる。

一二日　箱館発、小沼《おぬま》を見学して（小舟使用か）沼端《ぬまのはた》に宿泊
一三日　森《もり》、鷲《わし》の木《き》を経由して内浦湾《うちうらわん》沿いに北上、落部《おとしべ》を経て山越内《やまこしない》泊
一四日　遊楽府《ユーラップ》（遊楽部）、シラリカを経て、ホンクニ（ホンクンヌイか）泊
一五日　ワリ（ワルイ）から内陸へ向かい、金鉱を見学して下山、ホンクニ泊
一六日　落部泊
一七日　沼端泊
一八日　大野西部の鉛鉱山を見学、箱館へ戻る

小沼までは箱館領事ヴァイスやバックル大尉、仏国代理領事ヴーヴも一緒だったが、その先はもとインド海軍のローダーと通訳、箱館役人とともに騎行した。予備の馬二頭と荷運びの馬（牛?）五頭、口取《くちとり》の日本人四人がこれにしたがったという。

踏査旅行図には一行の路程と距離表が付され、金鉱まで箱館からちょうど三〇里、七

三・五マイル（約一一・八キロ）である。この金鉱とは利別《としべつ》川上流のカニカン金山（今金《いまかね》町美利河《ぴりか》）であると思われる。また帰路訪れた鉛鉱山は市ノ渡《いちのわたり》鉱山と思われ、五本の坑道《こうどう》があり、総延長一四〇四メートルと注記されている。ブラインは、鉱山採掘のために二人の米国人（ブレイクとパンペリー）が招聘《しょうへい》されていることも把握しており、蝦夷地《えぞち》の鉱山資源の有望性を認めている。

このほか図面には、道筋や地形とともに、茶屋やアイヌ集落、休息所が書き込まれ、なかにはアイヌが油（石油）を採る小屋や仕事場なども描かれるが、残念ながらインクが退色してその識別はかなり困難である。

ブラインは報告書翰のなかで、箱館の地政学的な特徴を、ひとつはロシアとの関係から、もうひとつは箱館と蝦夷地自身の価値から考察している。

前者に関しては、ポポフ提督指揮下で複数のロシア艦が箱館で冬を過ごしているとし、箱館にのみ領事を置き、さまざまな施設を設けるロシアには北方で一年中使用できるのは箱館港だけなのだと述べている。

ブラインはまた、滞在中に寄港した船舶数を調べ、和船一七二、軍艦二（英・露各一）、日本のスクーナー（軍艦）二、外国商船一〇と記録した。また、女性一一、子供六を含む四四名（英一一、露一八、米一三、仏一、孛《プロイセン》一）の外国人居留民のうち、領事館関係者が二六人であるという。商館は英三、蘭一、米三である。

この結果、ブラインは、英国にとって箱館の商業上の価値は低いが、北方地域のロシアの活動を監視するという政治的位置ばかりでなく、さらにまた、鉱物や木材資源の面でも英国にとって価値を持ちうると指摘した。ここでは潜在的な資源価値を含め、箱館を確保することの重要性が強調されている。

ブラインは日本を、豊かな資質を持ちながらもまだ考えの定まらない「子ども」にたとえ、二、三の欠点は「先生」が一掃すべきだと結論した。すなわち、生麦事件の賠償問題や鹿児島戦争は「いい教訓」であって、攘夷主義の伸張に対しては「断固たる手段」で応じることが、その狭隘《きょうあい》な無定見さと背信の欠陥を正すために有効だというのである。

江戸湾の探査

さて、最後となる図23と図24（155頁）は、ブライン工兵大尉が作成した江戸湾図である。一八六四年六月二九日（元治元年五月二六日）のレポート付図として作成され、さまざまな江戸湾測量図をもとにした手書き彩色図である。書き込まれた航跡は、一八六二年八月の英艦レナード、翌六三年六月の米艦ワイオミング、同年九月の米艦モニターなどのものであり、米英海軍による測量情報がベースになってい

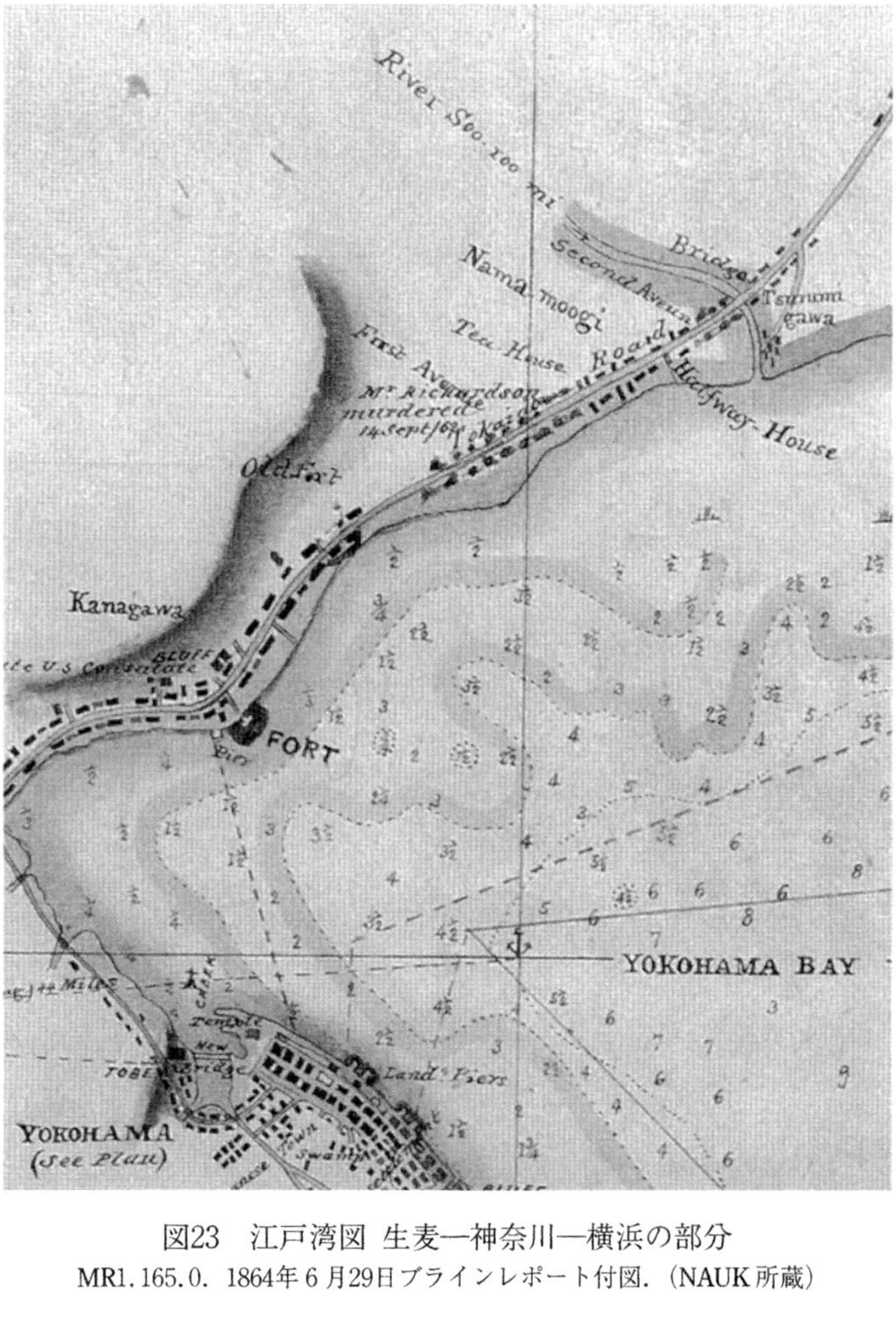

図23　江戸湾図 生麦—神奈川—横浜の部分
MR1.165.0. 1864年6月29日ブラインレポート付図.（NAUK所蔵）

る（英国陸軍省史料）。

図面の縮尺は七万七〇〇〇分の一であり、海岸線と水深、浅瀬や岩礁の有無が書き込まれ、伊豆《いず》から相模湾《さがみわん》・江戸湾にかけての小図、下田《しもだ》と浦賀《うらが》の両港図が別図として添えられた。幕府が江戸湾防備の基本とした観音崎《かんのんざき》—富津《ふっつ》ラインでは、観音崎に一〇か所、富津崎に二か所の台場が記入され、とくに神崎周辺では計二一門、富津七門の砲数が注記されている。さて、この図面で注目されるのは、横浜居留地と横浜—江戸を結ぶ海陸双方の行程が詳細に書き込まれている点である。レナード号とモニター号が江戸（各国公使館）と往復した航跡や碇泊地が書き込まれ、さらに東海道を軸に横浜から神奈川、神奈川から江戸までの陸路とさまざまな周辺情報、台場の位置関係などが記入されている。また江戸については、江戸城の外郭と御三家《ごさんけ》・御三卿《ごさんきょう》、加賀藩と薩摩藩など江戸の主要な大名屋敷、大きな寺社、掘割、街道と橋、幕府施設（米倉・船置場・台場）、そして各国公使館などの基本情報が書き込まれた。

一八六三年四月八日（文久三年二月二一日）、ブラインは自ら東海道川崎宿《とうかいどうかわさきじゆく》まで騎行して実際に東海道を視察している（英国外務省史料）。英国海軍司令長官キューパー中将の依頼により、前年に発生した生麦《なまむぎ》事件についての情報収集がその目的であった。

この日、英国旗艦ユーリアラス号の士官二名とともに、ブラインが横浜を出発したのは午後二時であった。約一一マイル《マイル》離れた川崎宿までの往復である。東海道に入り、左手に神奈川の米国領事館をみて進むと、一行は武士と荷運びの一団が断続的にやってくることに気がつく。ミヤコをめざす大名行列の一群であった。一行は衝突をさけて、わき道をとり、生麦を経て鶴見川《つるみがわ》を渡り、川崎宿のさき、六郷《ろくごう》の渡《わた》しに至って引き返す。横浜に帰り着いたのは午後七時少し前であったという。

ブラインは、大君政府の役人は自発的援助を惜しまず、村々や茶屋の人々は礼儀正しいことを指摘している。結局問題は行列する大名の名誉がいかに守られるかという問題であり、西洋人の慣習をこれに合わせる必要があるとブラインは結論づけた。生麦で負傷した商人クラークからは、自分たちもわき道にそれなければまったく同じ目に遭っていたはずだと指摘され、同行者の意見も一致している。

この報告に登場する、リチャードソン殺害現場のほか、外国人たちがそう名づけていた「大通り Avenue」、「茶屋 Tea house」や「宿屋 Halfway house」など、生麦の地域情報も図面に書き込まれた。

注目すべきは、多摩川《たまがわ》を越えて品川宿《しながわじゆく》の西方に記載された「新台場 New Fort」である

（図24）。位置的には、戸越《とごし》から居木橋《いるぎばし》のあたりであろうか。目黒川《めぐろがわ》（品川宿との位置関係が不正確である）の南方台地上、御殿山《ごてんやま》のさらに南にあたる。品川台場をほぼ一直線上に見通す高台に位置し、東禅寺《とうぜんじ》からおよそ二マイルある。この品川西方は武蔵野台地《むさしのだいち》の東縁が海岸線近くまで迫り、ここには「木の茂った高台 woody height」と記入されており、御殿山が高さ一七〇フィート、「新砲台」の南方の観測点は高さ一五〇～二〇〇フィートとある。このあたりの高台は実際には海抜二〇～三〇メートル程度であるので、数字にズレが生じているが、いずれにせよ、この一帯が台場群と東海道を見下ろす要地であることは間違いない。

一八六四年の六月半ば、対日戦争シミュレーションが日本現地の外交官と海軍に廻達されて意見が提出されるが、江戸湾図の書き込みはこの作戦案とも密接に関係するものである。

近世後期の絵図をみると、この付近は基本的に耕地であり、「新砲台」とされたあたりにあるのは三軒の大名屋敷である。中心は伊予《いよ》松山の松平家抱《かか》え屋敷《やしき》であり、同家は天保一三年（一八四二）から維新期までここに屋敷を所持していた（『松山叢談』）。きれいな長方形の区画はのちの三井邸である。これを「新砲台」としたのであれば、注記された位置関係とも符合する。地形図をみると、この一画はちょうど標高二〇メートル付近で、東海道を見

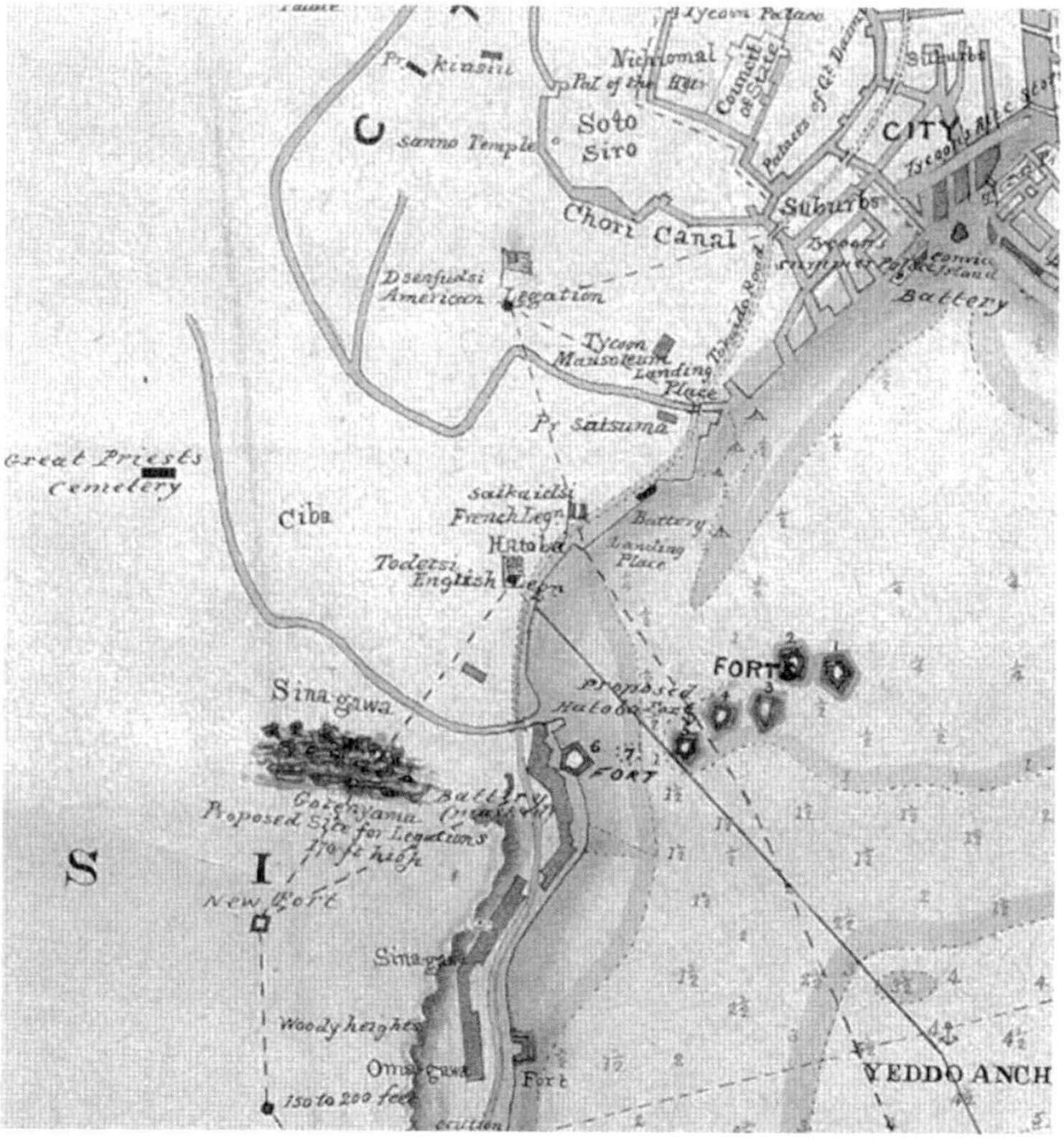

図24　江戸湾図 江戸一品川の部分

MR1. 165. 0. 1864年 6 月29日ブラインレポート付図. (NAUK 所蔵)

下ろす東向き斜面の上に位置している。当時の体制下でこのような位置の屋敷を〝要塞化〟する可能性はないと思われるが、ブラインはいかにも要地に武家屋敷が位置したため、これを「新砲台」と観察してしまったのではなかろうか。

仮にそうだとすれば、東海道上の〝障害物〟、あるいは〝攻略すべき対象〟として、ブラインがこの屋敷地を考えたことは間違いない。

一八六三年から六四年にかけて、英国工兵隊が収集し作成した総計一七点の図版は、いずれも陸軍省地理局によって一八六四年一一月一二日の受領印が押されている。下関戦争終了後に本国へ回送されたものである。

このように、横浜・長崎・箱館、そして江戸湾と、日本の主要拠点についての軍事的観察が工兵隊によっておこなわれていた。また鹿児島戦争（前掲）や下関戦争では、精密な砲台のスケッチ図のほか、工兵隊は記録作成の任にあたった。日本有事に備えて周到な準備がおこなわれていたのである。

対日戦争の情報収集

ところで、有事にこれまでの外交・貿易体制はどのようになるのか、これは外務省の最大の関心事であった。

一八六三年一一月一七日（文久三年一〇月七日）付の書翰で、外相ラッセルの命を受けた外務次官ハモンドは、以下の四点に関し、海軍省へ問い合わせた。

すなわち、①現在駐留する海軍力で横浜の防衛は可能か、②（戦時に）長崎は放棄しなければならないか、③戦争遂行中に貿易続行は可能か、④日本政府へ圧力をかける最良の作戦は何か。この書翰はさきの軍事覚書に先立ち、海軍省から日本のキューパー長官のもとへ届けられ、キューパーは一八六四年二月一二日（元治元年一月五日）、次のような回答を送付している（英国外務省史料）。

横浜の大居留地の安全のためには、江戸湾に私の自由になる兵力の大部分の駐留が必要でしょう。もしそれが全兵力ということでなかったら、最初の実行可能な手順としては、江戸の町の全ての国内取引きを阻止し、湾内の広域漁業もまた同様にすることです。西側からの江戸への陸上の物資輸送もかなりくい止めることもできるにちがいありません。……

戦端を開くことになった場合に、余剰兵力が確保できれば江戸湾を封鎖する作戦に出るというのである。さらに、それ以前に日本政府に圧力をかける手段として、キューパーは日本経済の中心である大坂と瀬戸内航路を押さえることを最善策として提起している。

日本政府に圧力をかけていくために最良の作戦計画は、大坂の封鎖と瀬戸内海全般の海上占拠だと信じます。これによって日本の貿易はほとんど全てが麻痺することになるでしょう。

ここでは、大坂封鎖が戦略目標となっている点にとりあえず注目しておきたい。いずれにせよ、この封鎖作戦は最後の手段であるには違いなかった。日本と戦争を構えた場合にどのような事態が予想されるか、キューパーの指摘は実はごく悲観的である。

まず、横浜居留地について、開戦時には海上に避難する時間しか確保できないとし、キューパーはこう述べる。

横浜は……ほとんどを丘で囲まれているので、大砲にはつねに悩まされるでしょう。敏活な敵軍なら、ここを見下ろすあらゆる地点から砲火を集中してくるにちがいありません。それゆえに私は、ここが戦時に小戦力で維持することが妥当な場所だとは考えていません。

長崎居留地も防衛不可能と指摘する。

長崎はたしかに放棄しなければならないでしょう。その位置、そして周囲の土地の状況をみれば、私見では、確保するのにはたいへん大きな陸上戦力が必要となるでしょう。艦船がいくらあっても、その狭い入り江では多分に無力です。ここは高台にある巨大な砲台で囲まれているのです。

さらに箱館は「英国の権益も小さい」ので考察外としており、要するに開港地はいずれも放棄せざるをえないという内容であった。また、交戦中に貿易を続行しうる大名勢力が存在しないわけではないと述べつつ、日本では国家的なプライドと偏見が強く、現実には困難であろうと指摘している。

この書翰が本国へ届くのは一八六四年四月末である。対日開戦は一時的ではあれ、全面的な商業の撤退と貿易停止を伴うことがはっきりした。かりに戦争に勝利したとしても、貿易体制を再建しうる保障はない。日本の政権が崩壊する可能性もあるのである。

一方、さきのミシェルらは日本との戦争遂行にあたり、前述のように六項目の追加的な情報収集を要請した（121頁参照）。この問い合わせは、外務省と海軍省を通じて日本にいる出先当局へも廻達された。六月一三日（元治元年五月一〇日）、オールコックとキューパーからそれぞれ回答書が本国へ発信されている。いずれもロンドン到着は八月半ばである。

質問事項のなかでも重要なものは第一項の物資と輸送手段調達の問題であったが、両者そろってこの問題にはごく否定的な回答を送っている。「薪やおそらく若干の米とわらを除けば、何も調達できないだろうと想定すべき」だというわけだ。つまり、かりに開戦となった場合には、文字どおりすべての物資と資材を海を越えて持ち込まなければならなかったのである。

このように、攘夷激派の大名が実力行使をおこない、中央政府たる幕府がさまざまな弁を弄しつつ鎖港政策を展開するなかで、英国は対日戦争にそなえた対策を検討し、情報収集を進めていた。既存の通商貿易の擁護という点は英国の対日政策の根幹をなしていたが、少なくとも全面戦争は英国の利益にもならず、なるべくならこれを回避したいというのが英国側の本音であった。

下関戦争とその舞台裏

下関戦争への途

日本と条約列強との間が戦争になるのか、平和に収まるのか、一八六四年（元治元）に入るといよいよ事態が煮詰まってくる。

オールコックの帰任条件

駐日公使オールコックは、一八六二年（文久二）竹内使節団の訪欧に合わせて賜暇《しか》帰国中であった。この帰国期間中、オールコックは『大君《たいくん》の都《みやこ》』に著した主張を繰り返し、「文明とそれに反対する諸原理との争い」が日本でおこなわれていると論じていた。一八六三年一月三日付タイムズ紙によれば、日本についての講演会で「ヨーロッパ人が他の国家に力で迫ることの是非」を質問されたオールコックは、次のように答えたという（内川芳美・宮地正人監修『国際ニュース事典外国新聞に見る日本』)。

西洋人は日本に力で迫り開国を強要した。そこでもしヨーロッパ人が日本との通商を望むなら、力づくで確立しなければならない。もしそれほどまでして通商を望まないというのなら、首尾一貫した行動をとり、日本帝国から退却すべきであると。

オールコック風にいえば、「文明」の勝利は武力によって確立するということなのかもしれない。一八六三年一一月五日(文久三年九月二四日)、緊迫する日本情勢に対し、オールコックはラッセル外相に覚書を提出して、武力行使の準備を迫った。この結論は明快である(英国外務省史料)。

オールコックは、「薩摩《さつま》や長門《ながと》のような支配者を脅迫ないし威圧するためには、あるいは大君に条件を押し付けるにしても、これまで採ってきたものより一層効果的な手段を採用しなければ満足すべき解決を期待しても無駄だと思われます」と、これまで以上の強硬手段が必要なことを指摘し、「現段階で日本海域にあるよりも大規模な海軍力なしには所定の目的は決して果たせない」、「さらに、他の条約列強の艦船が加わったとしても、艦船と協力し、海岸沿いの作戦であれ真に効果的なものとするには、陸戦力がなお絶対的に必要でしょう」とした。

日本の攘夷《じょうい》主義に対抗するためには、軍事力の行使が必要であり、海軍のみならず陸軍（陸戦力）が不可欠だというのである。

結局、帰任するオールコックにラッセルが与えた訓令には、貿易が順調であるかどうか、大君が排外（攘夷）大名に加担して日英関係に悪影響を与えていないかどうかを観察し、大君と大名に条約の履行を求めることが明記された。また、香港《ホンコン》の駐留軍へ横浜防衛のための兵力を要請し、「わが商船の通過を妨害する目的で建設され武装され、しかもなんらかの敵対行動によってその敵意を明らかにした、砲台を破壊すること」について、海軍提督の作戦遂行権限に「同意・協調（with concurrence）」することを認めた。

実力行使の主体は海軍提督であり、「提督は公使の同意を得て砲台破壊を遂行する権限を有す」とされた。ラッセル外相はさらにその際、敵対的意図が敵対行動によって明白に示されなければ砲台破壊を企図すべきでないと釘をさしたのだが、このややあいまいな訓令がオールコックへ事実上大きな権限を付す結果になる。

一八六四年三月（元治元年正月）、オールコックは日本へ帰任し、この訓令を最大限に利用していくことになった。

横浜鎖港と天狗党

横浜鎖港《さこう》をめぐっては、さらに新たな事態が生じていた。元治元年（一八六四）のはじめ、京都には薩摩の島津久光《しまづひさみつ》・宇和島《うわじま》の伊達宗城《だてむねなり》・土佐《とさ》の山内容堂《やまのうちようどう》・越前《えちぜん》の松平春嶽《まつだいらしゅんがく》と将軍後見職《しょうぐんこうけんしょく》徳川慶喜《とくがわよしのぶ》・京都守護職《きょうとしゅごしょく》松平容保《まつだいらかたもり》からなる参預《さんよ》会議が設けられ、有力大名の意見調整の場として注目された。しかし鎖港方針に反対する島津久光らに対し、慶喜は強硬に幕府の横浜鎖港方針を主張し、会議はついに瓦解《がかい》した。天皇・朝廷の意を奉じて、幕府が政治的なイニシアチブを握るために、横浜鎖港方針は揺るがぬ国是《こくぜ》となったのである（原口清『幕末中央政局の動向』）。

こうした中央政局の動向に乗じ、元治元年三月二七日（一八六四年五月二日）、武田耕雲《たけだこううん》斉《さい》・藤田小四郎《ふじたこしろう》らを中心とする水戸天狗党《みとてんぐとう》が筑波山《つくばさん》で挙兵する。四月、下野《しもつけ》・太平山《おおひらさん》へ入った水戸藩士らは、攘夷の実行と横浜鎖港の実施を求めて幕府へ圧力をかけた。その勢力は激徒二〇〇〇といわれ、幕府も手のつけようがなかった。

横浜鎖港の実施をどう進めるか、実のところ幕閣内の意見は割れていた。鎖港を強行して条約列強と開戦すれば勝ち目はない。しかし政事総裁職《せいじそうさいしょく》松平直克《なおかつ》（川越藩主）は、いったん攘夷を引き受けた以上、「横浜一港は御鎖《おとざ》しの御覚悟」が肝心で、「彼方不承知にて戦争に至り候わばやむを得ず」という意見であった（杉浦梅潭目付日記《すぎうらばいたんめつけにっき》）。無茶な話だが、

「戦争の儀は武備充実まで見合せ候ようの叡慮《えいりよ》（天皇の意思）」であるから、本当に戦争が始まりそうになったら勅使《ちよくし》を下し、横浜の代わりに下田《しもだ》あたりを開港するなどの妥協案が出来ないか、などといった議論が検討されていた。

いずれにせよ直克は、六月、横浜鎖港に消極的な幕閣《ばつかく》の罷免《ひめん》をもとめ、結局、老中《ろうじゆう》板倉勝静《いたくらかつきよ》・酒井忠績《さかいただしげ》、若年寄《わかどしより》諏訪忠誠《すわただまさ》・松平乗謨《まつだいらのりかた》らが罷免された。天狗党の勢いを背景とした幕府内政変である。

もっとも六月二二日、政事総裁職松平直克自身も辞任し、政変はいわば共倒れのかたちとなった。ここには天狗党を叛徒《はんと》とする水戸藩主徳川慶篤《よしあつ》の判断があったという。また、叛徒の圧力に屈して鎖港を実行したという誹《そし》りを受けることは、幕府には耐えられないことだった。七月に入ると、天狗党へ追討《ついとう》軍が派遣され、横浜鎖港の実施よりも水戸天狗党の鎮圧を優先する結果になった。この間、幕閣が身動きとれないでいるうちも、条約列強の動きはどんどんと進んでいくことになる。

下関攻撃への途

オールコックは帰任後、しばらく日本情勢を慎重に検討した結果、日本の政局が自由貿易体制の縮減・廃絶に向かって進みつつあると断じるにいたる。幕府・朝廷の鎖港方針にかかわる文書が、その「証拠」として収集された。

元治元年正月二七日付勅書（将軍へ攘夷の国是決定を命じる）、二月一四日将軍奉答書（横浜鎖港・沿海防備を誓う）、二月二〇日老中達書（横浜鎖港について触達）などである（一八六四年五月一日付公信、英国外務省史料）。

横浜貿易に関しては、一八六〇年（万延元）の五品江戸廻送令《ごひんえどかいそうれい》が励行《れいこう》・強化され、生糸《きいと》などは江戸の御用商人《ごようしょうにん》を通さなければ輸出できなくなっていた。英国商人らは、幕府が横浜への輸出品の集荷を意図的に妨害していると、非難することになる。

前年までの横浜貿易は、予想以上の急速な発展を遂げており、とくに生糸輸出は「日本産生糸は今やヨーロッパ市場に確固たる地位を占めた。……人知の限りでは、横浜の生糸貿易に並ぶものは遠からずなくなる」（一八六三年上半期の英国領事報告）といわれた。しかし、六四年に入ると重要な輸出品であった生糸の取引量が、統計的には前年比三〇％ほど減少した（石井孝『増訂明治維新の国際的環境』）。外国商人たちはそのため、横浜貿易は「事実上の断絶状態」であり、鎖港計画の先取り的実施だと猛反発したのである。これはオールコックにとって有力な判断材料であった。

一八六四年五月一日（元治元年三月二六日）付公信で、オールコックは「暫時《ざんじ》の間でさえ（列強の）威圧的手段が撤去され、われわれが自衛または報復の手段をもたない、明らかに不利な状態に置かれるならば、彼らはいつでも充分行動を開始するものと思われます」と、列強の軍事的圧力が弱まれば日本側の実力行使（先制攻撃）が予想されることを強調した。そして、次の問題への回答を中途半端にしておくことはできないと結んだ（英国外務省史料）。

老中（Gorogio）が米蘭両国代表に、貿易ではなく和親《わしん》こそが条約の目的であり、貿易は全く和親に従属し、貿易に制限の無いかたちであったり、または〔横浜のように〕大いに発展したりすることが友好関係と一致しないと言ったとき、彼ら（両公使）は貿易のみが日本人の和親を維持させる価値があると偽り無く答えたのかもしれません。では、われわれは、彼らの公言した目的である貿易の破壊と外国人の追放（expulsion）を、すべての既存の条約を侵害してなしとげようとする、背信と暴力の全計画が完全に成熟するのを待つのでしょうか？　あるいは、かかる敵対行為に先んじて（anticipate）、直ちに何らかの効果的な手段を採り、われわれの関係をより安全でより価値を損なうことのない立場に置くのでしょうか？

幕府が主張する〝和親のために通商を制限（鎖港）する方策〟は、ここではすでに〝外国人追放を準備するための時間稼ぎ〟としか捉えられていない。日本側の準備が整うのを許さず、先手を取って「効果的な手段」をとるべきだというのである。

五月六日（元治元年四月一日）付公信でも、「二〇〇年前にオランダ人がしたように、長崎へ退去するか」、「必要と思われる手段を採って、条約の履行を強く要求するか」と強調し、幕府が長州藩を処罰する意思のないことを挙げて、「長州の太守によって与えられた好機を利用し、彼の砲台を破壊し、彼の同階級の全部およびその思考方法に対し、攻撃のためか防御のためかいずれにせよ、彼らが為す最も恐るべき準備の全く無益なことを示すことによって、できればその全システムに効果的な一撃を加える」計画が披露される。

ただし、ただちに日本との全面戦争に突入するようでは、貿易体制を擁護する観点から望ましくない。長州藩への攻撃行動であれば、大君はこれを「政府に対する戦闘行為とみなす意向はないだろう」という見通しはあり、「もし可能ならば、大君政府かその国との全般的戦争に入らずに、そうすることがもちろん望ましい」と述べている。全般的な外国人追放を企図している以上、幕府が犬猿の仲とはいえ、諸外国の長州藩への攻撃行動を黙認するかどうか、実はオールコックも十分な確信を持てていないのである。この点は報告を受けた本国政府が最も懸念するところとなる。

実際のところ、オールコックは自らに与えられた権限を超え、幕府へ軍事的な圧力を加えることを目的に、長州砲台への攻撃作戦を断行して事態の打開をはかろうとしていた。中国海域の海軍の主力が横浜にほぼ常駐状態であったことが第一の条件であり、折よく中国で太平天国《たいへいてんごく》が終結し、横浜に一定の陸軍兵力が集結しつつあったことが第二の条件であった。そして、英国単独ではなく、英・仏・蘭・米の四か国代表が結束し、その兵力を糾合しえた点が第三の、そして最も大事な条件をなしたのである。

下関攻撃計画を準備しつつあったオールコックは、五月六日付の本国への報告書に工兵隊長レイ少佐の横浜防衛計画を添付している。軍艦四艦と一三〇〇の兵力を横浜に残し、さらに具体的な襲撃への対応策を示して、居留地防衛の任を離れて遠征する攻撃計画を補強したのであった。

下関問題は戦略的好機

オールコックが本国滞在中にも問い続けてきた、〃貿易体制の放棄ないし大幅な縮減〃か〃条約遵守《じゅんしゅ》の強要＝武力行使〃かという選択肢は、必ずしも後者が当たり前だと当然視できるわけでもなかった。たとえば一方で、キリスト教的な人道主義の立場から、無秩序と流血の事態を避け、商業上の利益を犠牲にしたほうがはるかに名誉だとし、「われわれはかの国〔日本〕から全面的に手を引くほうがよいのではないか、……あまり気乗りがせず、怒っている国民を相手に通商がうまくいくとは思われない」とする記事が公然とタイムズ紙面に掲載される状況なのである（「ラッセル外相への平和協会申し入れ」一八六三年八月二五日付タイムズ紙、前掲『国際ニュース事典 外国新聞に見る日本』）。

オールコックは、下関砲台への「効果的な一撃」によって大君からミカド、諸大名以下にいたるまで、攘夷（外国人追放）の不可能を思い知らすことができると述べた。「（貿易の維持は）当然軍事力に裏打ちされていなければならず、その行使は条約の尊重を強いるには必要かもしれません」とオールコックは指摘し、それまで一年近く英国が放置してきた下関問題は、幕府の鎖港方針を撤回させ、攘夷の無謀さを知らしめるための一撃を加える〝戦略的好機〟として再認識されたのである。

　かかる環境では、その初めからかかる手段〔外交〕によって、達成されないことが明白な目的を求めて、外交的な手順を追求するのはもはや無益です。現在の〔日本の〕統治者の態度からは、外交（diplomacy）は、日本では万策尽きるに至ったように思われます。

一八六四年五月二一日（元治元年四月一六日）付公信の上記文言は、オールコックが外交的解決をもはや求めていないことをはっきりとさせた。

五月三〇日（元治元年四月二五日）、英・仏・蘭・米の列強四か国代表の議定書がオールコックの主導下にまとめられた。ここでは、下関海峡を封鎖する長州藩への幕府の措置がおこなわれない以上、「長州侯の攻撃的行動をやめさせるため、新たな努力をすることが必要になった」と確認するとともに、幕府の鎖港要求を厳しく指弾して以下のように明記された（英国外務省史料）。

> 外国貿易に対し横浜を鎖港すると決定した宣言の正式な撤回を大君へ勧告することが我々の義務であることは下名（四か国代表）全員一致の意見である。

下関海峡を封鎖する長州藩への懲罰は中央政府たる幕府の責任であるとしたうえで、幕府が主張した横浜鎖港政策を覆すことが条約列強の一致した獲得目標に設定されたのである。

一八六四年七月二二日（元治元年六月一九日）、各国は老中へそれぞれ同文通牒《つうちょう》を送付し、①長州問題について、二〇日以内に何の進展もなければ通告なしに行動を開始すること、②横浜鎖港要求の反覆に重ねて抗議すること、などを宣告した。①②は連動しており、長州の攘夷激派に軍事的打撃を与えることによって、鎖港要求の撤回圧力をかけることが明確に意図されていた。

八月一五日（元治元年七月一四日）には、英・仏・蘭・米四か国代表は共同覚書に調印し、「速やかに下関海峡の開放に着手し、長州侯の砲台を破壊して武装を解除し、同侯のあらゆる攻撃の手段を無力化させること」を各国指揮官に命じるよう取り決めた。たとえ長州側が発砲しなくとも砲台を破壊し、敵対行動が発生しないような実質的保証を得るようにとも要求しており、軍事行動は既定の計画となった。

六月一三日（元治元年五月一〇日）、英国公使館付の医師ウィリスは、本国の兄に次のように書き送っている（大山瑞代訳『幕末維新を駆け抜けた英国人医師』創泉堂出版、二〇〇三年）。

我が国としては、長州に向けて兵を出す、すると、あらゆる勢力がそれぞれに宣戦布告することになるでしょう。そこでわれわれは長州を打ち負かします。その後休戦になるか、あるいは全面戦争になるかでしょう。その結果江戸を陥落させるか、京都に進軍するか、おそらく大坂を占領することになるかもしれません。

ウィリスは長州に対する軍事行動が全面戦争になる可能性を危惧《きぐ》している。七月一二日の書翰でも、全面戦争になれば「少なくとも一万二〇〇〇の兵力が必要です」と述べており、オールコックのいうように、「例の不快な輩《やから》に一撃を加えれば、秩序を回復することができる」とは思わないと強調している（同前）。これは公使館内部の情報収集に基づく率直な意見だったに違いない。

喝破された戦争目的

開戦直前、ニューヨーク・タイムズ紙はこう書いている（一八六四年八月二〇日付、前掲『国際ニュース事典　外国新聞に見る日本』、傍線筆者）。

内海の通行権は、以前にも述べたように、実際的見地から、戦争の原因にするだけの価値はない。貿易に対する制限は幾分あるにしても、開戦の理由と主張できるほどにははっきりしてはいない。現時点で生命が特に安全でないことを示すような暗殺の企ても最近はなく、われわれが接触する人々はいつも同様行儀よく好意的である。理由はおそらく次の二つの事実に求められよう。つまり、日本政府がこの神奈川港（横浜港のこと）を閉鎖すると公言し、執拗な努力を繰り返していること。および最初からと言ってもよかろうが、条約関係が極めて不満足な状態にあることである。われわれは帝国内で最も外国貿易が栄えている場所を放棄して、この国の両端にある港へ引き下がれと言われているのであって、これは価値のある通商関係に関する限り、全面的に追い払われるも同然である。

すでに下関攻撃計画は公然と居留地社会で語られており、この記事では攻撃の理由を実に的確に報道している。

同紙は、列強が攻撃理由とした長州砲台による下関海峡の封鎖や自由通航権の妨害という問題は、戦争の理由としての実際的価値はないとする。実のところ、座礁《ざしょう》の危険の多い瀬戸内のほうがよほど危険だし、そもそも英船は一隻《せき》も砲撃を受けていないのである。輸出産品を搭載した和船を長州側が臨検《りんけん》して妨害を加えるために、貿易は縮小していると長崎領事が報告しているが、果たしていかがなものだろうか。

記事は今回の攻撃の目的を端的に二点あげた（傍線部）。戦争の狙いは、幕府の横浜鎖港方針撤回と条約関係の不安定要因の除去にあるというのである。すなわち、鎖港要求を撤回させ、さらに「神奈川港（横浜港のこと）を貿易港として永久におさえておく権利」を確保することこそが今回の戦争の本当の理由だと同紙は喝破《かっぱ》していたのである。

英本国の危機感

次第に明らかになったオールコックの先制攻撃計画に対し、英本国はどのような判断を示したのだろうか。

一八六四年七月二六日（元治元年六月二三日）、ラッセル外相は一般的に「条約列国が武力を行使して、条約によって要求される権利の防衛を正当ならしめる」ことには同意を示したものの、先制的な武力行使には強く反発した（英国外務省史料）。

貿易が順調に遂行されており、現地の大衆と同様、権力をもつ者の中に、その利益に預かって外国交際の成長に好意的な党派（party）が存在するあいだは、最終的に開明的見解（enlightened views）が普及するという希望を放棄し、友好関係の鎖をばらばらに断ち切って、戦争の機先を制するために戦争をする（make war for the sake of forestalling war）のは賢明とは思われない

戦争を仕掛けてさらに新条約を強いることは「はなはだ大きい永久的負担」が懸念されるとも指摘している。

しかし八月二日（元治元年七月一日）、武力行動方針を記した五月二一日と二五日付の公信がロンドンに到着した。

驚いたラッセルは、八月八日（元治元年七月七日）、「実のところ、貴下の報告には即時外国人を日本から追放する（drive out）企図があると懸念すべき根拠を認められない。……内海の通航は、大坂が閉ざされ、京都にミカドが閉居を続ける限り、外国貿易の目的に必要があるとは全く理解できない」と訓令を発し、近いうちに帰国して説明せよと命じた。

ラッセルの懸念は、居留地防衛に向けられていた。八月一八日の訓令では、砲台攻撃を実施するのではなく、横浜防衛に徹するよう命じたが、ついに、八月二五日、すべての計

画を中断してただちに帰国するようオールコックへ厳命した。オールコックの構想は、自国民の生命と財産の保護や既得権《きとくけん》の防衛の範囲を逸脱し、かえって居留民を危険にさらすものと思われたのである。

しかし冒頭に紹介したように、この訓令が作戦発動前に到着することはきわめて考えにくかった。本国との往復には三か月から四か月を要するからである。また、オールコックの報告が、それだけぎりぎりのタイミングでおこなわれていたともいえる。

オールコックは幕府に長州処分の力量もやる気もないと決めつけたが、外相訓令は長州藩に対する懲罰《ちょうばつ》をいまだに幕府が公言していることを重視していた。実際皮肉なことに、下関戦争の直前になって禁門《きんもん》の変《へん》が勃発する。元治元年七月一九日（一八六四年八月二〇日）、京都の覇権奪回を狙った長州兵が御所突入をはかった事件である。長州兵はあえなく撃退されるが、この事件の結果、長州藩は朝敵となり、国内政局は再び大変動をむかえる。大義名分を得た幕府は、ついに長州征討《せいとう》を発令したからである。

ところで、幕府が唯一頼みにした鎖港談判使節の顚末《てんまつ》も忘れてはなるまい。

鎖港談判使節への冷たい反応

一八六四年四月一五日（元治元年三月一〇日）、使節一行はようやくマルセイユに到着した。一六日にパリに到着した使節は、ナポレオン三世に国書を奉呈し、外相ドリューアン・ド・ルイとの交渉に臨んだ。

カミュ殺害事件の賠償問題などを済ませ、五月一四日（元治元年四月九日）、第四回目の応接で、正使池田長発《いけだながおき》は、「人心不折合」をいったん鎮静しなければ和親交際は望めないと切り出した（続通信全覧、現代語訳）。

このまま差し置いては、和親の永続をはかるために、かえって交誼《こうぎ》も破れてしまうでしょう。……ひとまず折り合いをはかるために、神奈川港（横浜港のこと）を閉鎖すれば、外国に対して不都合なことも起こらず、国内の人心折合の手段にもなり、永久懇親も遂げることができると廟議も定まりました。

池田はあわせて、攘夷過激派（凶族）の長州藩を今すぐに平定することは難しいとの見解も申し添えた。

これに対してルイ外相は、国内の「異議の輩《やから》御征討」、つまり国内の攘夷勢力を追討したほうが「各国合従の軍勢」を相手にするよりよほど容易だろうと発言し、次のように言い放った（同）。

今にいたって条約を違却すれば、戦争になるのは必定であり、そうなれば以前ペリー

図25　パリの鎖港談判使節

ナダール撮影．前列右より目付河田熙，正使池田長発（外国奉行），副使河津祐邦（同），後列右より，斎藤次郎太郎，松浪権之丞，塩田三郎，矢野次郎，田辺太一（国立歴史民俗博物館所蔵）

が渡来した際に一戦に及んだほうが小事でしたのに。各国と条約を結んだうえで違却するのであれば、兵禍《へいか》は以前に比べて倍増し、容易ならぬことになりましょう。あなたの国（の兵力）は各国に比べれば千分の一であり、今回お出でになってヨーロッパ各地の海軍が旺盛な様子は目撃されたでしょうが、あなたの国の海軍は大海の一滴であって所詮勝算はありません。

また、暴戻《ぼうれい》を繰り返す長州藩への処罰を求められ、池田は十分に回答することができなかった。実は出発前に池田自身、長州処罰の断行を幕閣へ上申していたが、幕議はまとまらなかった。いかに列強の介入を排して平和的交渉で臨もうとしても、国内の無頼者《ぶらいもの》を取り締まることが出来なければ説得力に欠けていた。池田が自覚する弱点であった。長州藩への措置については、フランス側から軍事的援助の可能性も示唆されることになるのである。

結局、池田らはフランス側の剣幕に圧倒され、鎖港交渉を続けることを断念した。駐仏英国大使コーレーに打診した結果、これも厳しい対応が確実となり、使節は交渉を打ち切って急ぎ帰国することになる。一八六四年六月二〇日（元治元年五月一七日）、池田らは砲撃事件の賠償や海峡封鎖の解除に関するパリ協定に調印してあわただしく日本をめざした。

条約各国の思惑と対応

これまで英国の動向を中心に考えてきたが、ほかの条約諸国はどのような対応を示していたのだろうか。

フランスの変化

一八六三年（文久三）、下関砲台《しものせきほうだい》からの砲撃事件に対し、フランスの中国艦隊司令長官ジョレス准将はセミラミスとタンクレードの二艦による報復攻撃を遂行し、日本側へこれ以上の制裁を加える必要はないとも考えていた。横浜にタンクレード一艦を残し、自身は中国（上海《シャンハイ》・大沽《ターク一》）と日本の間を往復することになる。

事態がジョレスの予想を超えて動き始めたのは、オールコックの帰任後であった。注目されるのは、フランス海軍による日本の軍事力分析である。一八六四年（元治元）

四月、この間日本に駐留したタンクレード艦長ジュリエ中佐が作成した覚書が提出されている（フランス海軍省史料）。ジュリエの分析は封建国家日本の政治・社会構造から説き起こし、その軍事力のレベルについてレポートしている。日本の場合に海軍力は問題にならず、銃砲の火力が気がかりだが、前年の下関での戦闘経験でも明らかなように、日本人は遮蔽物の利用等に無頓着だとしている。とくに大砲とライフル（施条銃《せじょうじゅう》）の所持数については気をつかっており、「施条銃を装備した部隊を有しているのは、おそらく、大君《たいくん》と薩摩《さつま》の太守《たいしゅ》だけであろう」と指摘している。また、日本の各砲台に配備されている大砲が青銅製の滑腔砲《かっこうほう》であるとし、その配備状況を概観、ついで一八六二年以来の軍事情勢を概観した。

ジュリエの結論は、対日戦争は日本の全階層を相手にする全面的なものとなり、この点が中国とは異なるとしながらも、アロー戦争なみの兵力が必要になると指摘している。

ジョレス司令官は新たな下関遠征にはごく消極的であった。ところが、一八六四年四月末、ベルクールに代わってレオン・ロッシュ（一八〇九―一九〇一）が後任のフランス公使となった。ロッシュはオールコックの遠征計画に同調し、ジョレスはその判断にたびたび不満をもらしている。オールコックの計画が前年の鹿児島戦争の「失敗」の雪辱《せつじょく》を図るものとみて、ロッシュが「明らかに戦争を誘起せんとする政策に誘われつつあること」を憂慮していたのである。実際、フランス本国も英本国と足並みをそろえ、「日本に対し現実に強制手段を講ずるに至らしむべき危険ある一切の行動に参加すべからず」（一八六四年一〇月一八日付海相訓令、フランス外務省史料）と繰り返していた。

ところが幕府の貿易抑圧が強まったと主張するオールコックの前に、現地日本では積極策に転じ、遠征計画にも参加していかざるをえないことになる。これは対英協調路線のひとつの表れでもあった（中武香奈美「下関遠征とフランス駐屯軍」『横浜開港資料館紀要』一五、一九九七年）。

このロッシュが下関戦後、とりまとめたレポートがフランス海軍省史料のなかにある。これは、一八五八年から六四年の日本の外交政策を論じたもので、日本の二人の君主、ミカドと大君の存在を指摘し、ミカドの勅許なしの条約締結が攘夷主義の急速な台頭を招き、国の基本理念（fondamentaux de la constitution）である外国人排斥と齟齬《そご》する結果となったと分析する。結論的には、列強が強い姿勢に出なければ幕府を攘夷派の側に押しやる結果となったと、下関遠征は合理化され、さらに条約勅許を求めることが必要だと述べている。これはオールコックの戦略とほぼ一致した認識であった。

下関戦争におけるオランダの果たした役割については、横山伊徳「幕末・維新の国際情勢─オランダから見た日本─」（坂野潤治他編『維新変革と近代日本』岩波書店、一九九三年）がくわしい。

積極的なオランダ

オランダでは、日本の開国後もしばらくは植民省管下でジャワに置かれた東インド政庁が対日関係を管轄した。相変わらずオランダ総領事は長崎住まいを続けていたのである。しかし一八六二年七月、対日外交の管轄は植民省から外務省に移管され、翌六三年、横浜領事ポルスブルックが外務省から任命された新任の総領事、外交代表に任命された。この総領事職を引き継ぐため、ポルスブルックは長崎に向かい、その帰路に搭乗したメデューサ艦で下関の砲撃に遭遇するのである。

ポルスブルックの態度は当初から強硬であった。この時、長崎沖で出会ったフランス艦キャンシャン号から砲撃事件を報知されていたにもかかわらず、艦長カセムブロートの反対を押し切って、下関の強行突破を命じたのはポルスブルック自身であった。友好国であるオランダを砲撃するわけがないという楽観論と、軍艦が航路変更したとあっては面子《めんつ》にかかわるという判断があったという。その結果、メデューサ号は長州砲台の集中砲火を浴び、大量に被弾して死者四名を出すなど、前述のように散々な目にあうことになった。

この直後、ポルスブルックはただちに本国外務省と東インド総督へ増援要求をおこなっている（横山伊徳、前掲論文）。

> 英仏の日本との戦争が勃発しそうだったし、また勃発しそうであるが、このような場合、我々は中立を維持しなければならなかったし、また維持しなければならない。しかしそのような中立は、横浜と長崎の二つのオランダ居留地を保護するに足る海軍力の存在なしにではありえない。……新しい武器で武装された新しい船のみが、当地での要望を満たすことができる……

日本で戦争が勃発した場合、オランダは中立主義を採るが、その場合でも自国民を保護するためにはもっと強力な軍事力が必要になるという主張である。「中立主義を標榜し、単独の軍事行動を単独で行うという論理」であるという（横山伊徳、前掲論文）。

一八六三年秋、かくして東インド最大の新鋭艦ジャンビ号が日本へ派遣されてくる。ジャンビは二〇〇〇㌧を超える蒸気コルヴェットで、施条砲など一六門を備えていた。

注目されるのは、幕府の鎖港要求が明確になるにともなって、当初の中立主義が後景に退き、自国民のみならずヨーロッパ人一般にまで保護対象が広げられていった点である。オランダは英・仏との「共同軍事行動」を追認していくことになる。

一八六四年に入ると、オランダは急速に下関攻撃へ傾斜し、メタレン・クライス（ジャンビと同級）、アムステルダムという東インドの主力艦を日本へ増派する。

オランダの場合には、日本の出先機関のみならず、本国政府自体も下関攻撃に積極的だったといわれる。これは、「長州藩主の裏切り的な砲撃」に対する「懲罰」、すなわち「オランダの威信を傷つけた日本の土侯に対する懲罰的な遠征」であり、一九世紀の東インド諸島では珍しくなかった「植民地戦争の色合いの濃い戦争」だったのである（横山伊徳、前掲論文）。

米艦ワイオミングの任務

一八六三年から六四年前後のアメリカの対日政策の動向については、南北戦争の混乱によって、さしたる影響力をもつことが出来なかったと評価されてきた。事実、下関戦争当時、アメリカ（北部連邦政府）は日本海域にろくな軍艦を配置することができなかった。わずかに帆走軍艦ジェームズタウン（一一五〇トン、砲六門）が横浜にあるのみだったが、下関へ向かう艦隊は蒸気艦で構成されることになったため、取り急ぎ蒸気商船ターキャン（六〇九トン）をチャーターして体面を保ったにすぎなかったのである。

ところが、その一年前に長州藩が下関海峡を封鎖したとき、蒸気軍艦を含む長州海軍を壊滅させたのは、当時日本海域にあったアメリカの軍艦ワイオミングであった。

このワイオミングについては、南部同盟の軍艦アラバマ追跡を命じられ、香港を中心に中国海域を遊弋《ゆうよく》していた同艦が、たまたま事件に出くわし、駐日公使の要請にしたがって出撃したものと大枠で理解されてきた。艦長マクドゥーガルとしても、手ぶらで帰国するわけにもいかず、戦功をあげる格好の機会だったのだという説明である。

しかし実際には少々違っている。一八六三年に入って日本情勢が切迫すると、国務長官シュワードは、「列強が条約の一時停止に同意する見込みは全く無く、日本政府側が条約遂行を維持し保証するに必要なあらゆる努力を行い、あらゆる手段によって、合衆国は彼らに協力するだろうことを（日本の）外務大臣へ表明されたい」と訓令した（米国国務省史料）。さらに日本情勢の急変を予想したワシントンでは、「日本で発生するどのような障害に際しても、他の条約列強の代表部と協力されたい」とし、「ワイオミングは貴下（プリュイン）の命にしたがう」とする訓令を電信で発した（同前）。

七月、大統領判断として駐日公使とワイオミング艦司令官への指示が与えられた。この要点は、①在留外国人の安全が確保される限りにおいて、条約列強と日本の間の平和を維持すること、②公使の判断で、公使館や居留米人の安全を確保するためにはワイオミングの発砲を許可し、そのために司令官はあらゆる必要な実力行使をとること、③公使館員ないし領事館員の日本在留が危険だと判断したならば、日本からの安全な撤退を追求し、本省に報告すること、などである。

当時の日米間の公信も到着までに二か月以上かかるため、この七月七日発の訓令が同月一六日（文久三年六月一日）の報復行動に間に合うはずもなかったが、駐日公使プリュインによるペンブロークへの砲撃とワイオミングの報復攻撃の報告は、一〇月初めにワシントンに到着し、国務長官シュワードは、駐日公使館の判断とワイオミングの行動をただちに全面的かつ歓迎的に承認している。

アメリカの国際戦略と対日政策

アメリカの対日政策の動向は、南北戦争（一八六一―六五）をめぐる国際関係とさらに深くリンクする問題でもあった。内戦が開始されるとイギリスはただちに中立宣言をおこない、南部同盟を交戦団体として認定した。これはアメリカ政府（北部連邦）にとっては脅威であったが、一八六二年に入って戦況が北部有利に傾くと、イギリス世論を配慮し、タイミングをはかって奴隷解放宣言をおこなうなど、国務長官シュワードはイギリスに対する積極的な外交攻勢を強めていく。日本において、イギリスをはじめとする列強諸国と歩調を合わせるよう命じたのも、このような脈絡のなかで理解しうるものと思われる。

アメリカ（北部連邦）は開戦直後から海上封鎖をおこない、一八六一年一一月には、イギリス船を臨検し、訪英を企図した南部同盟の使節を拉致《らち》する事件（トレント号事件）を起こしている。一方、イギリスは南部同盟のために製造された軍艦アラバマの回航を黙認し、ワイオミングの極東派遣はこのアラバマ号掃討《そうとう》にあったと言われたのである。

ちなみに、実際のアラバマ号（一四三八㌧・砲八門）は、一八六二年七月二九日にリヴァプールから出港し、大西洋上で船舶襲撃を繰り返していた（六九隻を捕獲）。一八六三年冬にはマラッカ海峡にまで足を伸ばし、数艘の船を攻撃している。一八六四年六月一九日、アラバマはシェルブール沖で北部連邦の軍艦ケアルサージュの攻撃を受け、沈められた。

一八六三年八月、イギリス本国では、外務省と海軍省の間で興味深いやりとりが交わされている。関連史料が乏しく、不透明な部分もあるが、米国の私掠船《しりやくせん》に対して日本政府が許可状を与えたのではないかという噂が存在し、外務省は中国海域の海軍力強化をもとめてきたのである。この噂は、武器と艦船の製造・輸入を幕府から米国政府に依頼した事実から発していたものと思われる（一八五九年のパリ宣言で、こうした海賊同様の行為は国際的に禁じられていた）。

海軍大臣サマーセットは、そのような即戦争に直結するような行動を日本がとるとは思わないと噂を否定するとともに、一方で念のためにパナマからコルベット一艦を回したことを伝えている（ラッセル文書）。

もし英国商人がデーヴィス大統領〔南部同盟〕から掠奪《りやくだつ》許可状を獲得したとしたら、かかる行為は疑い無く直ちに戦争に結果するでしょう。もし米国船が日本の許可状のもとで行動するならば、政府は戦争を避けてはいられません。もし日本人がわれわれの貿易を妨げるためにニューヨークで艦船を築造するだけなのであれば、これはアラバマと同様のケースですが、われわれはただちにかかる艦船を相手にすることになるでしょう。

この二件の間の差異は明確だと私は思います。

一八六三年五月、横浜居留地の防衛計画を練った会議に、米国側は招請されなかった。ある種の疑念が居留地社会のなかに渦巻いていたことも考えられよう。一八六四年、シュワードが英仏側に立って、日本の攘夷主義に立ち向かえと訓令し、下関戦争への参加にこだわったのも、このような疑念を一掃し、北部政府の正統性を印象づけようとする政策意図が強く働いていたものと考えられる。

下関戦争と国内政局の転回

四国連合艦隊の出撃

文久三年（一八六三）六月、フランス艦隊が引き上げた後、前田茶屋砲台《まえだちゃやほうだい》を上下二段に改良強化するなど、長州藩は再度砲台を築き直し、外国船砲撃の姿勢を崩さなかった。下関海峡は外国船に対して封鎖された形となった。

元治《げんじ》元年六月八日（一八六四年七月一一日）、米国商船モニターが日本海側で砲撃を受けた。あまり注目されないが、第四の外国船砲撃事件である。箱館《はこだて》から長崎に向かったモニターは、悪天候をさけるため、深川湾《ふかがわわん》に停泊していたところ、対岸から砲撃されたという。黄波戸《きわど》付近のようである。これも長崎から報告が出されている（米国国務省史料）。

英・仏・蘭・米による四国連合艦隊《しこくれんごうかんたい》の出動をいったん遅らせることになったのは、元治

図26　英国艦隊旗艦ユーリアラス号
（イギリス海事博物館所蔵）

元年七月一八日（一八六四年八月一九日）、幕府の鎖港談判使節《さこうだんぱんしせつ》（正使池田長発《いけだながおき》）が帰国したためであった。池田らは砲撃事件の賠償や海峡封鎖の解除に関するパリ協定を持ち帰ったため、一時様子待ちとなったが、幕府がこの協定を容認しないことを表明したため、ついに七月二七日、艦隊は横浜を出港して下関に向かった。艦隊の構成は、英国旗艦ユーリアラス号、仏国旗艦セミラミス号をはじめ、計一七艦、総兵力五〇〇〇名ほどであった。

前述のように、日本海域に帆走軍艦ジェームズタウンしか持たなかったアメリカは、蒸気商船ターキャンを借り上げ、パロット砲や兵員を積み替えて艦隊に参加した。

列強側は、横浜や長崎の居留地防衛のために一定の兵力を残すなど、さまざまな事態に備えた。下関遠征の兵力は表6のとおりである。

表6　下関戦争参加艦船一覧

イギリス
ユーリアラス（Euryalus）3125トン・S・砲35門・575名
ターター（Tartar）［1296bm トン］・S・砲20門・275名
コンケラー（Conqueror）［2845bm トン］・S・砲40門・480名
バロッサ（Barrosa）2302トン・S・砲21門・275名
レオパード（Leopard）［1406bm トン］・P・砲18門・315名
アーガス（Argus）1630トン・P・砲6門・175名
パーシュース（Perseus）1365トン・砲17門・175名
コケット（Coquette）［675bm トン］・S・4門・90名
バウンサー（Bouncer）［233bm トン］・S・砲3門・40名
海兵隊 Royal Marines　500名・工兵隊10名
小計　砲164門・兵員2850名 （ほかに通報艦 Despatch Vessel・石炭輸送艦など）
フランス
セミラミス（Semiramis）3830トン・S・砲44門・580名　海兵隊200名
デュプレクス（Dupleix）1795トン・S・砲14門・200名　海兵隊80名
タンクレード（Tancrede）（400-600トン）・P・砲6門・75名　海兵隊20名
小計　砲64門・855名・海兵隊300名（ほかに通報艦）
オランダ
メターレン・クルス（Metalen Kruis）2100トン・S・砲16門・270名
ジャンビ（Djambi）2100トン・S・砲16門・255名
メデューサ（Medusa）1700トン・S・砲16門・240名
アムステルダム（Amsterdam）（不明）・P・砲8門・186名
小計　砲56門・951名
アメリカ
ターキャン（Takiang）609トン・S・砲4門・58名 （うち砲1門・18名はジェームズタウンから移乗）

トン数は排水量，［　］内は bm トン（元綱本参照）.
砲数・乗員数は各国の戦後報告による.
Sはスクリュー蒸気艦，Pは外輪蒸気艦.

下関戦争

八月四日、豊後《ぶんご》姫島《ひめしま》に終結した艦隊は、五日（一八六四年九月五日）午後、三隊に分かれて下関へ向かった。以下、英海軍の報告図（図27）とユーリアラス艦の航海日誌に沿って戦況を概観しておきたい（英国海軍省史料）。

五日午後二時、パーシュース（K）、メデューサ（L）、タンクレード（M）、コケット（N）、バウンサー（O）からなる軽艦隊は、北方から移動しながら砲台群への側面攻撃をおこなうため位置についた。アーガス（P）、アムステルダム（Q）もこれに従ったが、救援用の予備艦の役割を果たした。ターター（D）、デュプレクス（E）、メターレンクロス（F）、バローサ（G）、ジャンビ（H）、レオパード（J）から成る正面艦隊は、前田砲台群の正面、小倉《こくら》側の田《た》の浦《うら》寄りに艦を繋留《けいりゅう》した。砲台群との距離は図上約一六〇〇メートル

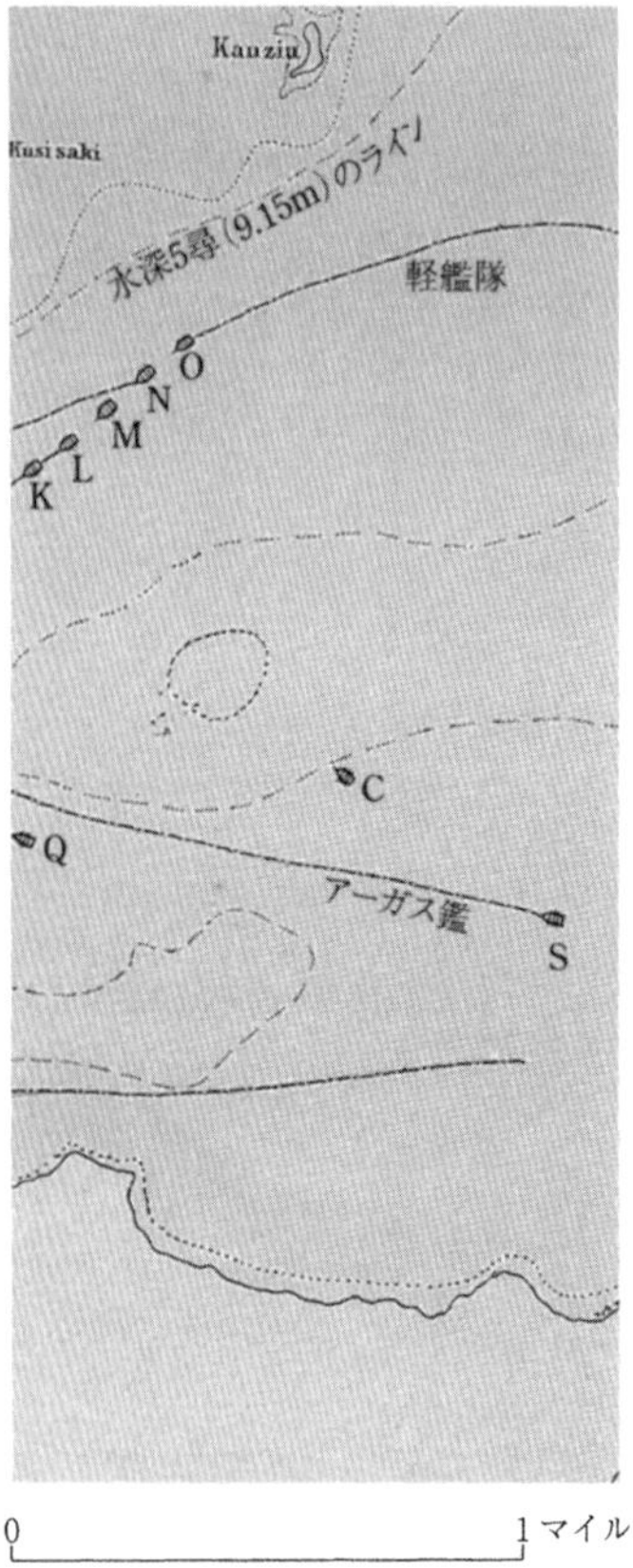

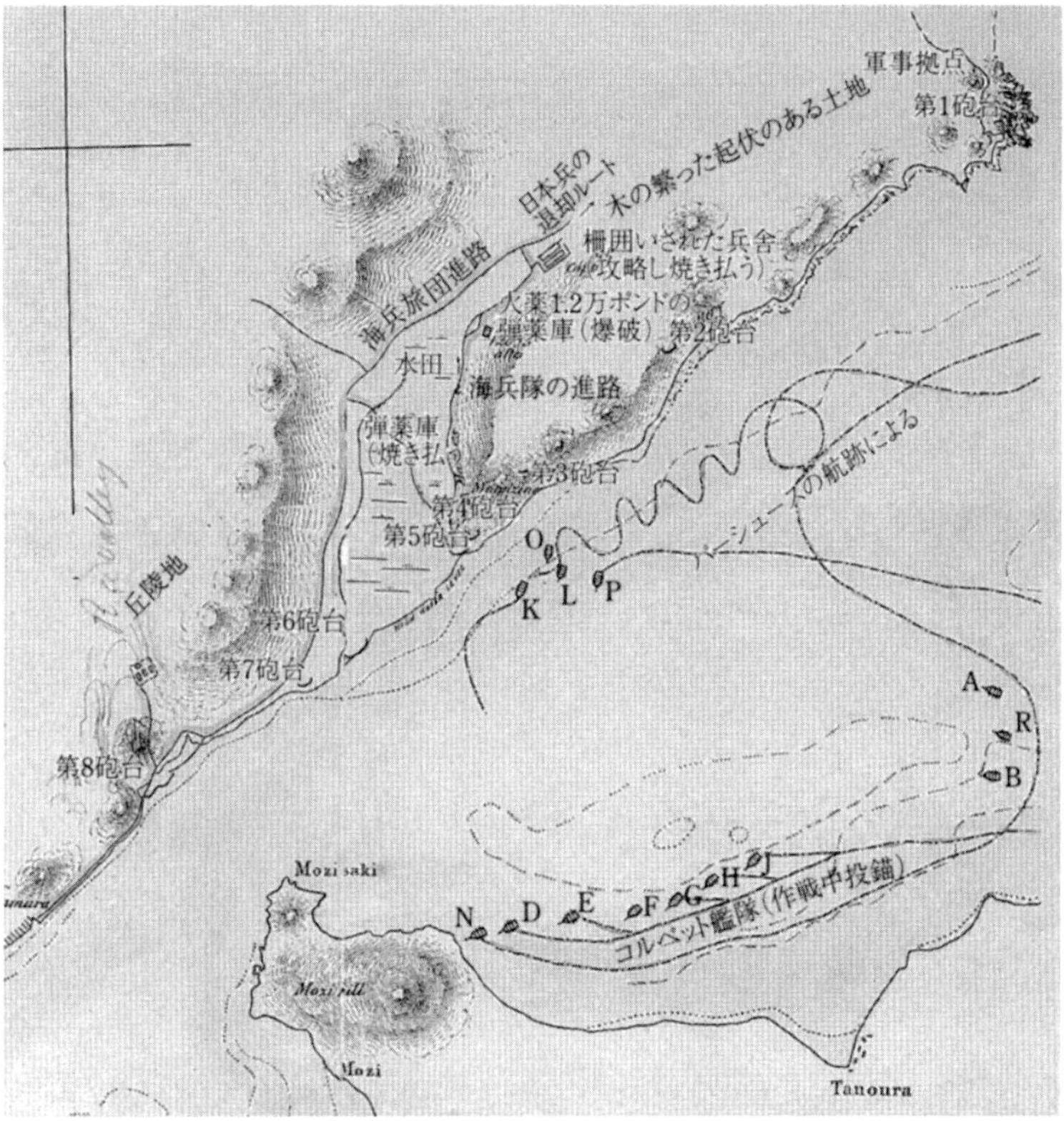

図27　下関戦争図（部分）
1864年9月5日の図．レイ工兵少佐作成．A～Rの艦名は本文参照，Sは石炭輸送艦ペンブロークシャー．（大英図書館所蔵）

である。当時の砲戦は、精度をあげるためには艦を固定する必要があった。旗艦ユーリアラス（A）、セミラミス（B）や、小艦のターキャン（R）は砲台群の東南沖二三〇〇メートル付近に位置した。陸戦部隊を乗せたコンケラー（C）も遠方で待機した。

午後四時（三時四〇分とも）、連合艦隊は一斉に砲火をひらいた。長州砲台も反撃したが、四時三〇分、アームストロング砲の榴弾《りゅうだん》が命中して第三砲台（前田砲台奥）の弾薬庫が爆発した。火力にまさる列強側は午後七時までに各砲台を沈黙させた。

パーシュース、メデューサは砲撃が弱まった隙に上陸部隊を出し、長州砲の火門を釘で封じた。

この間、ユーリアラスらは長州砲の射程外であったが、正面艦隊には長州砲台からの命中弾もあり、死傷者も出している。

図28　馬関戦争図（下関市立長府博物館所蔵）

翌六日未明、第六砲台からの砲撃を受け、午前七時過ぎ、列強側は総計二〇〇〇名程度の陸戦部隊を上陸させた。午前一〇時に第三、第四砲台、ついで一一時に第六砲台が占領され、列強側も砲撃を停止した。

長州藩は直前に起きた禁門の変によって主力部隊を欠き、また装備も旧式の滑腔《かっこう》銃砲《じゅうほう》であったために、施条《せじょう》銃砲《じゅうほう》（ライフル）を備えた列強側にまったく太刀打ちできなかった。上陸部隊は、一帯を制圧して前田海岸奥の角石《かどいし》陣屋を焼き払い、午後六時すぎに帰還したが、地上戦では大きな被害を出している。

その後、断続的に八日昼まで戦闘があったが、目立ったものではなく、列強艦隊は完全に海峡を制圧した。

図29　四国連合艦隊の下関砲台占拠
(『アサヒグラフ臨時増刊　写真百年祭記念号』(大正14年刊) より)

八月一四日（一八六四年九月一四日）、長州藩との講和が成立する。長州側から交渉にたったのは、脱藩して牢につながれていた高杉晋作《たかすぎしんさく》であった。高杉は宍戸《ししど》刑馬《ぎょうま》の偽名で交渉にいどんだという。

長州藩が幕府からの攘夷命令などを示したため、幕府はその後、下関の賠償金三〇〇万ドルの支払いを列強に約束した。中央政府としての責任を果たすことになったのである。長州藩もまた単純な攘夷の不可を悟り、大村益次郎《おおむらますじろう》を藩政に起用して本格的な軍事改革に乗り出すことになった。

オールコックの挑発的戦略

ところで、オールコック自身はさらに挑発的な戦略を抱いていたようである。下関へ向け出撃するキューパー司令官にあてた秘密覚書をみておきたい。この覚書は一八六四年八月一八日（元治元年七月一七日）付で作成されている（英国海軍省史料）。

条約列強にはその権利がありますが、兵庫と大坂を手に入れることは京都の「鎖港Sako」党派の策謀や陰謀に対する安全確保の手段になるでしょう。ミカドの首都は大坂と兵庫から三日以内の行程にあり、艦隊や兵員を容易に移動させられます。そして、瀬戸内海とその巨大交通を支配したならば、この国の政府を麻痺させ、自身の安全を条件に条約支持を強いることができます。

確固とした基盤の上に平和や貿易制度を確保されうるのは、唯一このように考えられます。われわれを沿岸の二、三の外側の港に限ろうとする試みや、いま直面しているように、それを攻撃された際に効果的に防衛しようなどという試みは同じように無意味で、かつ愚かなことのようにみえます。……遅かれ早かれ、外国列強は追放されなければなりません。どの港も充分とされる強大な兵力なしには実際に防衛しうるところではありません。それ〔充分とされる兵力〕はあまりに強大であり、ミカドの首都へ進軍し、われわれが中国皇帝に対し行ったように、国中を開かせ、条約をより限定的な性格へ無効化しようとし、排斥政策へ回帰しようとする絶え間無い試みに終止符を打つよう彼に強要したほうがはるかに効率的でしょう。

ここに述べられている主張は、実に明確である。瀬戸内海と兵庫・大坂の掌握を戦略目標とし、大坂湾での示威《じい》行動がほのめかされている。兵庫・大坂を掌握することにより、攘夷派の拠点である京都へ直接的な軍事的圧力をかけ、あるいは瀬戸内海の制海権を奪うことで日本のいわば首根っこを押さえ、力づくで条約体制を防衛しようというのである。そのためにも瀬戸内海の一方の口である下関の「解放」は必要であったし、兵庫開港と大坂開市《かいし》は条約の取り決めごとであるとともに、きわめて戦略的な目標であった。そして、「条約勅許」の獲得も明確に意識されており、軍事的圧力によって朝廷の攘夷方針を覆すことが具体的に述べられている。オールコックの目は明確に京都と朝廷へ向けられ、ここへ直接的な圧力をかけることが目指されているのである。

ところで、下関攻撃の直前から、オールコックは公然と「鎖港党派 Sako Party すなわち Closing port party」の語句を攘夷派の総称として用いるようになっている。それまでは外国人追放 expelling foreigners を目指す一派なり、外国人に敵対的 hostile な党派などと表現していたものが、鎖港を要求する党派というかたちで定義し直されている点には注意しておきたい。ともかくも天皇・朝廷は「鎖港」党派の巨魁《きょかい》とされ、軍事的圧力をかける対象だったのである。

しかし、この段階での列強四国の合意事項は、あくまで下関砲台の破壊作戦にあった。そこで彼は「将来的な展望」と言いつつ、暗に兵庫近辺での挑発行為を司令官にほのめかしている。「大坂の前面での目立つ軍事的示威ですが、艦隊もしくはその一部が瀬戸内海をその範囲で行ったり来たりすることに大きな異議はないのではないか」と言い、その結果としての小戦闘の可能性を示唆、さらに「もし彼らが抵抗の準備を成しているようであれば、条約列強は長州とその仲間の敵対的な態度が彼自身に限らず、その行動はより高い裁可、ミカドか大君か、あるいはその両方によっているということをそこで悟るだろう」と指摘した。これは考えようによっては戦場を大きく拡大しかねない、かなり挑発的な提案であった。

オールコックは、長州藩の本拠地たる萩《はぎ》や山口攻撃も示唆していた。日本人から入手した地図も艦隊司令らに手交していたのである（次頁図30）。山口は当時の藩主所在地であり、ふたつの道筋のうち、片方は海岸から八マイルしかない、萩は主要な城塞があり、海

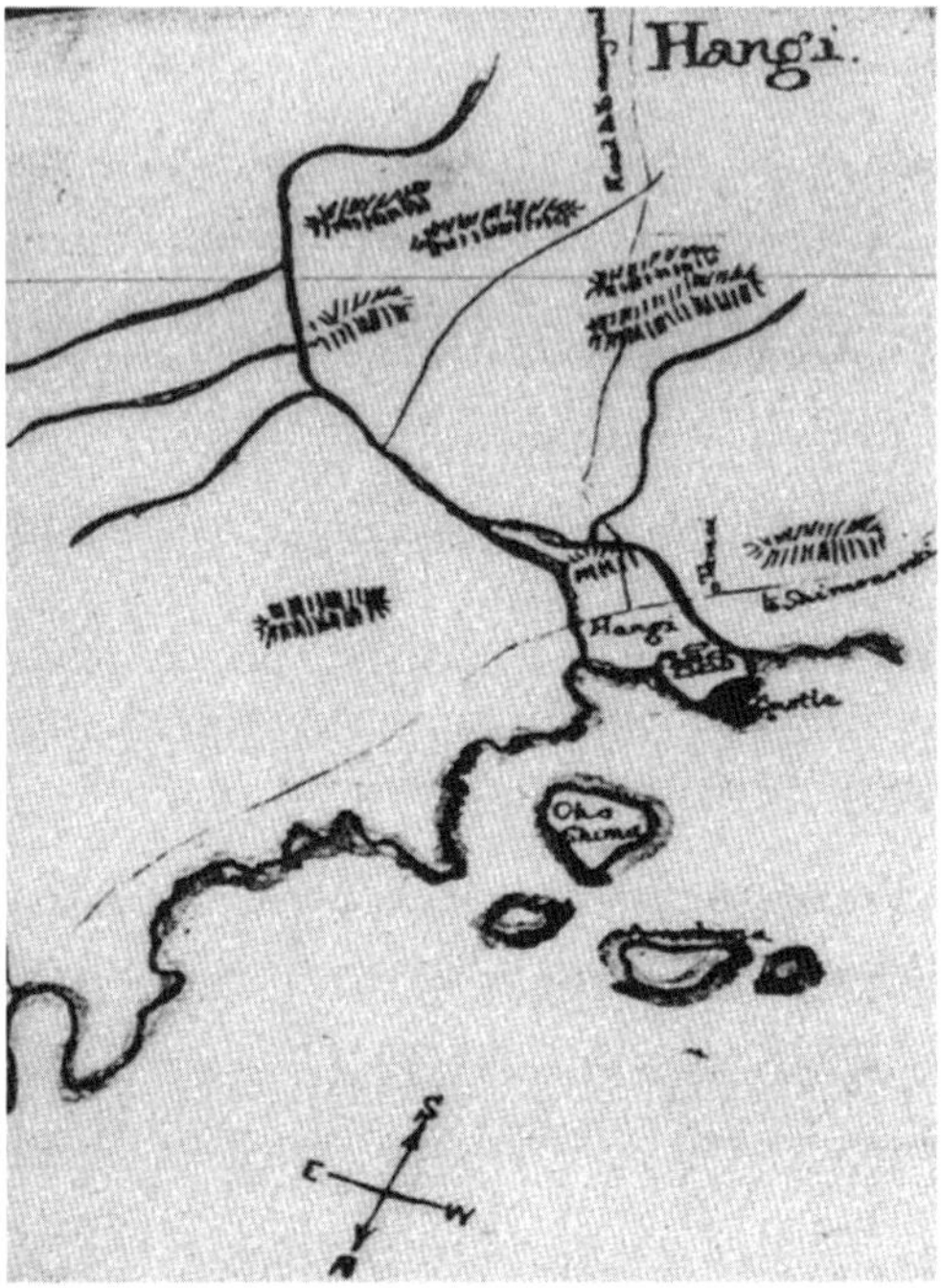

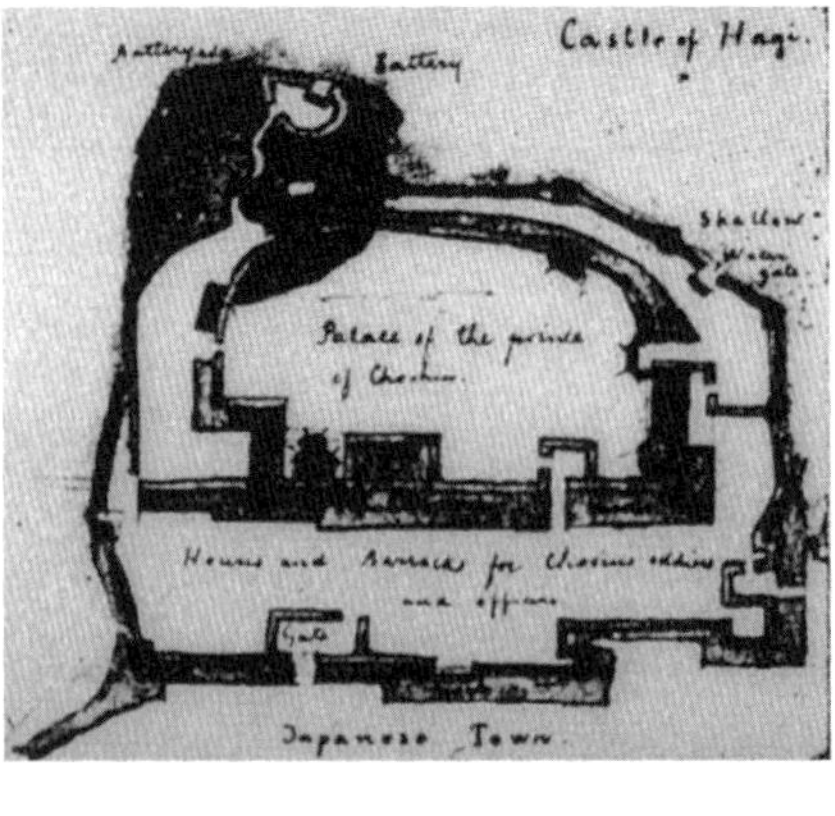

図30　萩
上：萩（Hangi）周辺地図
下：萩城図
ほかに山口までの地図があり，萩は海沿いであるので攻撃も容易だとされた.
NAUK 所蔵 FO46/45.

に面していて町場は後方にあるため、「攻撃目標としてふさわしい」、外国旗への最新の攻撃（米商船モニター号砲撃）はこの地点であるので攻撃は「適当かつ正当（fitness and justification）」である、などの情報と意見が添えられていた。

オールコックは日本との全面戦争を避けるために下関砲台の攻撃をおこなったといわれるが、最初から限定した「一撃」にとどめるつもりであったかどうかは、実際のところかなり疑わしい。アーネスト・サトウは以下のように回想している（坂田精一訳『一外交官の見た明治維新』岩波文庫、一九六〇年）。

オールコックは、長州藩を完全に屈服させることしか考えていなかったので、長州藩主の本拠とみなされていた萩を攻撃する必要をキューパー提督に説いた。しかし、提督は用心深い司令官であったし、自分の責任外のことで女王陛下の文官の使臣から命令をうける気持ちは毛頭なかった……

海軍司令長官キューパーは戦場を限定したものにする意図であったし、実際あっさりと長州側も停戦したため、下関周辺以上に戦域が拡大することは避けられた。

瀬戸内での示威行動

オールコックの機密覚書に盛り込まれたもうひとつの点、すなわち瀬戸内海（Inland Sea）での示威行動については、それがオールコックの意図どおりのものであったかどうかはともかく、いわば〝凱旋航行〟としておこなわれることになった。

キューパー司令長官の業務日誌および旗艦ユーリアラスの航海日誌（英国海軍省史料）によれば、元治元年八月二〇日（一八六四年九月二〇日）、下関海峡をはなれた英蘭の艦隊は、姫島《ひめしま》から豊後水道《ぶんごすいどう》へ抜けるのではなく、瀬戸内を通って大坂湾に向かった。二一日、艦隊は伊予松山《いよまつやま》沖から来島海峡《くるしまかいきょう》を抜け、燧灘《ひうちなだ》へ入った。各地で水深測量をおこないながら、丸亀《まるがめ》西方の粟島《あわしま》付近に停泊した。途中一日遅れで下関を出たフランス艦隊と合流するが、コンケラーが手島《てしま》で座礁する間にフランス艦隊は先行したようだ。英蘭艦隊は塩飽本島《しわくほんとう》・牛島《うしのしま》付近をゆっくりと通過、二五日は屋島《やしま》沖（小豆島《しょうどしま》前面）に停泊し、八月二六日正午、手探り状態で明石《あかし》海峡を通過、大坂湾に入った。午後四時、艦隊は大坂沖に停泊すると、キューパーはコーモラント艦に乗り換え、湾内を探査している。艦隊は事前の合意に沿ってそれ以上の行動を取ることはなく、翌朝八時には抜錨《ばつびょう》し、スチームを焚いてフルスピードで紀伊《きい》水道へむかった。毎時一トンの石炭を消費し、八ノット（約一四・

八キロ）を記録している。

なお、オランダのコルヴェット艦メデューサ号は、石炭節約のため明石を回らずに鳴門《なると》海峡へ向かったが、激しいうず潮に巻き込まれ、あわや沈没かという危険な場面もあったという（カセムブロート「メデューサ号航海日誌」）。外海に出てからの航海は、荒天に見舞われたが比較的順調で、九月一日、全艦隊は順次横浜に帰還した。

この一連の艦隊行動が計算された示威行為であったことは明らかである。この一年後、列強艦隊は再度大坂湾に侵入し、条約勅許を迫ることになる。このときには大坂湾の探査データが活用されることになるのである。

数字からみる戦争の諸相

下関戦争の戦闘経緯そのものについて、ここではこれ以上に触れることはせず、戦争の様子を示すいくつかのデータを紹介しておきたい。

参加した各国の兵力に関しては、それぞれデータが本国に廻達されている。米国国務省文書の報告を整理すると、列強側が各地に配備した兵力は、表7のとおりである。

表7　列強の配備兵力

	遠征参加	横浜防衛	長崎防衛
英	砲164・兵2850	砲47・兵1761	砲21・兵275
仏	砲 64・兵1155	兵 70	
蘭	砲 56・兵 951		
米	砲 4・兵 58	砲20・兵 200	
計	砲288・兵5014	砲67・兵2031	砲21・兵275

総計すれば、砲三七六門、兵七三二〇名の列強兵力が日本にあったわけである。

連合艦隊が接収した長州の大砲は五四門あり、分配委員会によって参加各国へ割り当てられた。その数は、英国二六、仏国一四、蘭国一三、米国一である。その配分比率は、おおむね各国の参加砲数に比例しているようにみえる。このうち、臼砲《きゅうほう》二・榴弾砲一・野砲一の四門を除けばすべて青銅砲で、レイ・レポートにもあるように、六トン・五トン・四・五トンもある巨砲もあった。

また、英国海軍の記録によると、連合軍の死傷者は七二名でうち死者は一二名である。英国軍については負傷の内訳もわかる。死傷者五六名、うち死者は致命傷（mortally）二名を入れ、八名だが、これはすべて小銃弾によるものである。負傷者は、最重傷（dangerously）九、重傷（severely）一九、軽傷（slightly）二〇となっており、このうち最重傷五、重傷一一、軽傷五が小銃弾によるものである。負傷理由が不明なものが九名いるので、四七人中二九人が小銃にやられていることになる。長州側の装備がほとんど旧式のゲベール銃（マスケット）であったにせよ、死傷者の大半は小銃弾であったのである。

これに砲弾による負傷者を加えると、ほぼ八〇％弱がこれに含まれる。砲弾には、葡萄弾（grape shot）と破裂弾（shell）が用いられていた。

この他はほとんどが軽傷者だが、なかには砲撃で倒れた木にあたったとか、単なる打撲、火薬庫を爆破したときに巻き添えになった、などが加わる。

興味深いのは、弓矢による負傷者が四名、うち重傷一、軽傷三も含まれていることである。殺傷力はともかく、射程だけでいえば弓矢もそれなりに有効だったわけである。

いずれにせよ、刀傷や槍傷はひとつも挙げられていない。当然といえば当然のことなのだが、攘夷テロならばいざ知らず、いったん本格的戦闘に及べば、銃砲による遠距離戦が勝敗を決するのは常であった。いざとなれば白兵戦《はくへいせん》で外国に対抗するというのが幕末に流《る》布《ふ》した説であったが、実際の戦闘ではそれ以前に勝敗は決してしまうのである。

鎖港要求の撤回

さて、幕府の鎖港要求である。一般に横浜鎖港要求は禁門の変によって長州征討《せいとう》が決すると棚上げされてしまうといわれてきたが、諸外国に対しては引き続き一貫した対応がとられている。

元治元年八月五日（一八六四年九月五日）、実は下関での開戦当日だが、幕府は諸外国へ下関攻撃の取りやめを求め、さらに横浜鎖港交渉を継続するための使節再派遣を通知した（オールコック宛老中水野《みずの》忠精《ただきよ》書翰、早稲田大学図書館所蔵　英国大使館文書）。

横浜鎖港の儀については、かねがね申し入れしごとく、わが国内人心の動静・向背にかかわり、各国交際上において障礙《しょうがい》あらば容易ならざる儀と常に憂懼《ゆうく》するところより、やむを得ずして、恥ずべき事情をも顧みず、其許等《そこもと》へ打ち明け談判に及び、ついに使節をして各国政府へ差し渡らせ候ところ、半途にして帰国いたし、わが政府の意趣貫徹せざるにつき、なお即今さらに使節のもの撰任せられ、近日各都府へ相越し、国内巨細の事情を詳悉《しょうしつ》し懇談に及ばすべくあいだ、これまでの形況等とくと諒察《りょうさつ》せらるるよう希望するところに候

池田使節が中途で帰国してしまったため、幕府の意趣が通じなかった、だからもう一度使節を撰び直して派遣したいとわざわざ表明しているのである。使節には外国奉行星野千之・目付塚原昌義《つかはらまさよし》らが選ばれた。

しかし四国艦隊の完全な勝利が江戸に伝わると、八月二三日、外国奉行竹本正雅《たけもとまさつね》らは横浜を訪問し、外国公使らへ鎖港要求の事実上の撤回を告げた。下関戦争の結果が決定的な意味を持ったことは明らかである。

オールコックはなお手を休めず、幕府の鎖港方針を導き出した天皇の責任を追求する。元治元年九月六日（一八六四年一〇月五日）、他の各国公使と将軍に宛てた書翰（同文通牒のうちの英国分）で次のように述べている（英国外務省史料）。

ミカドは条約の廃止を要求して、正統な君主への不服従か、あるいは西洋の四大列強に対する戦争のあらゆる惨禍を自国に惹き起こすのかという、二者択一を大君に強いました。何故なら、取り結んだ条約を同意なしに取り消すことは戦争宣言することなのです。

大君は、この避けがたい不慮の出来事の双方を回避することを欲し、ミカドと外国列強にとって等しく不愉快な、間に合わせの手段によって困難さの解決策をこれまでは見出してきました。

したがって横浜廃棄の公式要求や鎖港党派を形成する大名の敵対行為に対し、条約列強はこの港を防衛するのに十分な陸海軍力の派遣と、長門の太守の砲台と防御施設の破壊で応じました。

ミカドはそれ故、もはや何の思い違いも許されません。もし彼が条約廃止を求め続けるのであれば、彼は戦争も求めなければなりません。

すなわち、下関攻撃が、「鎖港党派（Sako Party）を形成する大名の敵対行為」のみならず、「横浜廃棄の公式要求」に対しておこなわれたものであることをはっきりと宣告し、かかる一方的な条約破棄は戦争宣言に等しいのだと、強く警告したのである。先述のように、オールコックは公然と日本の攘夷派総体を「鎖港を要求する党派」というかたちでひとくくりにした。ここでは、幕府が主張しようとしたような和親と通商を区別したり、直接的な武力行使を避け、交渉による鎖港を目指そうとしたことはまったく無視され、攘夷激派との意識的混同が図られていた。オールコックは、自由貿易条約を踏みにじろうとするものだと、鎖港要求自体の〝犯罪性〟を強調して、幕府に〝反省〟を迫っている。まさに海千山千の外交手腕である。

また同時にオールコックは、戦争と勅命違反の二者択一を迫る天皇にこそ問題があると、幕府の立場に「理解」を示し、天皇から条約勅許《じょうやくちょっきょ》を得ることこそが真の解決策であり、それは情勢を熟知している大君のなすべきことだと強く迫った。

幕府はその後、こうした列強の要求に応じて一〇月、老中《ろうじゅう》阿部正外《あべまさと》を上京させ、天皇に鎖港要求の不可を奏上、この年一一月三日（一八六四年一二月一日）、正式に鎖港使節の再派遣断念を各国に報知した。ついに幕府の鎖港方針そのものがここで消え去るのである。

そして条約勅許それ自体は、翌年秋、四国艦隊の摂海《せっかい》（兵庫沖）進出と徳川慶喜《よしのぶ》らの朝廷工作にかかっていくことになる。

　一八六四年一二月末、オールコックは本国へ召還されるが、オールコックが公言した力づくの戦略は、後任公使のハリー・パークス（一八二八―八五）のもとで引き続き実行されていく。翌慶応元年一〇月（一八六五年一一月）、兵庫沖に進出した四か国列強は、軍艦九隻で威圧し、最後通牒をふりかざして条約勅許をもぎとった。慶応元年一〇月五日（一八六五年一一月二二日）であった。鎖港要求の撤回と条約体制の認否に関わる根本問題がここでようやく決着をみたのである。

条約勅許へ

　下関戦争の直後に、列強は条約勅許の獲得を幕府へ約束させた。しかしこの約束は一向に実現せず、第二次長州戦争の開始にともない、将軍家茂《いえもち》をはじめ幕閣は大坂へ移動した。英仏蘭米の外交代表はこの機をとらえ、軍艦九艘とともに摂海へ向かい、条約勅許・兵庫と大坂の開港・関税改訂を要求した。

　慶応元年九月二六日（一八六五年一一月一四日）、幕府は若年寄《わかどしより》立花種恭《たちばなたねゆき》を兵庫へ派遣し、将軍が上京して天皇の承認を得るためとして一〇日間の回答猶予を得た。在坂の老中阿部正外・松前崇広《まつまえたかひろ》は、幕府専決で兵庫開港を承認する回答をおこなおうとしたが、禁裏《きんり》守衛総督徳川慶喜の猛反対にあい、朝廷から官位を剥奪され国許《くにもと》謹慎の処罰をうけた。この両老中罷免の情報に接し、一〇月四日（一一月二一日）、列強代表は最後通牒《つうちょう》（同文通牒）を発した。以下は、兵庫沖の軍艦プリンセス・ロイヤル艦上から英国公使パークスが将軍家茂へ突きつけた文面である（英国外務省史料）。

陛下の大臣が行った外国代表への公式表明は、後者に、条約の誠実な履行を妨げる困難がミカドと何人かの大名の敵対によって引き起こされているという結論をもたらしました。

それゆえに、我々の利益を大いに損ない、同時に日本の平穏を最も危うくする紛争の根源を除去することを期待し、私とわが同僚たち、フランス・アメリカ合衆国・オランダの代表は、大坂に陛下がいる有利さを利用して、この不幸な諍《いさか》いを直ちに解消することの必要性を促そうとしました。陛下と外国列強によって結ばれた取り決めへ同意を与えることによって、ミカドと大名は、現在痛切に感じられる困難に終止符をうち、将来を脅かしているこうした災厄を避けることが可能です。

列強の要求は、「条約の履行を平和的手段によって保証する適当な処置」すなわち条約勅許そのものであり、一〇日以内に文書回答がなければ「私たちの条件を公式に拒絶したものを意味すると考え、その場合には私たちが適当と判断する行動を自由になす」と宣告したのである。最後の文言は最後通牒の決まり文句であった。

同じ四日夜から朝議が開始され、参加した徳川慶喜らは、条約勅許がなければ西洋諸国との戦争となり、焦土となって列強の属国となるしかないと強く迫った。朝議は翌五日夜まで続き、ようやく条約勅許の沙汰書が出されたが、兵庫開港はついに認められなかった。しかし回答期限の七日、兵庫沖へ派遣された老中松平宗秀《まつだいらむねひで》は、条約勅許の獲得に加え、兵庫の期限どおり（出来ればさらに早期の）の開港と五％を基準とする関税軽減の提議（翌年改税約書で実現）について、自己の判断を書面で回答し、ようやく列強艦隊は引き揚げていった。

この条約勅許によって、条約体制自体に公の異議を唱える領主階級はいなくなった。条約列強の側からみれば、現地権力の容認と協力を獲得し、通商条約の法的位置がようやく安定したことになる。また、国内政局についてみれば、武力による外国人排斥を唱える単純な攘夷論はもはや成り立ちえず、万国対峙《たいじ》の世界に堪えうる政治体制の構築へと、その課題も移っていくことになった。

エピローグ

砲艦外交

本書でも再三述べているように、この段階の資本主義列強は、露骨な領土的要求をかかげて進出してくるわけではない。自由貿易体制への参加とその維持を求めてくるのである。しかしその過程は、アジア諸国にとっては軍事的な威嚇《いかく》と強要をともなう過程であり、その軋轢《あつれき》は大規模な戦争の原因ともなりえた。この歴史的段階をあらためて確認しておく必要があろう。

一八六四年一〇月、プロローグでも紹介したが、英本国は首を長くして日本からの報告を待っていた。

一〇月二六日、作戦着手を告げるオールコックの膨大な分量の報告書が英本国へ届いた。

八月二三日付であった。これを一覧したパーマストン首相は、「長州の抵抗手段と比較し、彼《〔オールコック〕》がその時適切に攻撃手段を計算したかどうか」は「結果」によって示されるだろうが、「いくらかの深刻な損失」は免れ得ないだろうとラッセル外相へ書き送った（ラッセル文書）。そして、「オールコックは間違いなく彼の作戦の結果によって裁かれるだろうし、〔作戦の〕結果はおそらく一か月か六週間でわれわれの知るところとなるだろう」と結んだ。作戦強行の責任はオールコックにあるというわけである。

しかし同時にパーマストンは、条約列強の採った政策が「堅実で申し分ない（sound and good）」ものであれば、これを組織したオールコックの能力は評価すべきだとも言い、ひいき目にみれば、「部分的準備をなした敵対者（antagonist）を吹き払う一撃を加えるか、それとも〔敵対者が〕十分になるのを待つのか」、この分岐点に来たのだという議論に同調する姿勢をも見せている。パーマストンは「『力強い〝突き〟は立派な〝受け〟である（A vigorous Thrust is a good Parry）』という格言は少々当たっているところもある」と表現しているが、これは日本風に言えば「攻撃は最大の防御である」ということだろうか。

いずれにせよ、もはや手の打ちようがないというのは真実だが、パーマストンを含め、英国の政府首脳が日本に対しての武力行使自体を否定していたわけではないことに注目しておきたい。

実はこのやりとりの三週間ほど前、一〇月五日の外相ラッセル宛書翰で、パーマストン首相は、「オールコックが反抗大名に対して行おうとする行為には擁護すべき点が多い」と述べ、次のように指摘していたのである（同前）。

私は、日本とわれわれとの関係は、強力な文明国とより弱小でそれほど文明化されていないそれとの、通例の避けられない段階を経験しようとしていると考えたいと思う。最初に――貿易の合意、次に取り決めの不履行、権利侵害と暴虐行為、――賠償の請求と拒絶、――次いで敵対による補償の強要、次いで一時的な黙従、次いで取り決め破棄の努力の再開、――優位な軍事力の誇示の成功と、次いで最後に、双方の利益となる平和的で安定的な通商関係。われわれは、中国でこの段階をすべて経験したが、日本ではまだ道半ばである。

この文言は、パーマストンの砲艦外交を表現したものとして、彼の伝記などにもよく引用されるが、実は対日交渉の過程を定式化したものだったのである。「強力な文明国」が「半文明国」と平和的安定的な通商関係を獲得するまでには、現地権力との軋轢《あつれき》や衝突を乗り越えつつ、最終的には「優位な軍事力の誇示」が必要だという彼の信念がここには示されている。

出先機関の言い分

キューパー司令長官から海軍省への戦争勝利の第一報は、一八六四年一一月一七日、外務省へ届けられた。一一月二二日、オールコックからラッセル宛の第一報も届く。九月二八日付であった。この同じ二八日、武力攻撃に否定的なラッセル訓令（七月二六日付）に対しても、公使は別途外相への釈明を発信した（英国外務省史料、一八六四年九月二八日）。

たとえ海軍の作戦に限定されていても、一大名に対する敵対行動《〔戦闘〕》の採用を政府が遺憾と感じるだろうという、第八九号公文《〔七月二六日付外相訓令〕》がもたらした示唆にもかかわらず、私は、最近採られた行動について、英国政府が道理を理解して承認し、それが侵略的な敵対行為（aggressive hostility）ではなく、険悪な情勢と実際の貿易停止によっていやおうなく求められた自衛行為（self-defence）であったことを理解いただけるものと期待しています。

オールコックは、外相がかつて「貿易が順調に遂行されているのに、戦争の機先を制して戦争することは賢明ではない」と述べたことを捉え、今回の武力行使は、「貿易の中断」という事態に対する「自衛行為」だと主張しているのである。敵対者は日本の「鎖港党派（Sako party）」であり、幕府も含めて諸外国の様子をうかがいながら外国人追放の準備を進めているというわけだ。オールコックは日本と条約列強との全面戦争を回避したと評価されることが多いが、一方で貿易が止まれば自衛攻撃だというこうした議論が十分に検討されてきたとは思われない。「文明化」のための軍事力行使の必要性と有効性（力の政策）という彼の主張は、攘夷に湧きたつ幕末日本には相当に危険なものだったはずである。

オールコックの一連の報告は、「比較的小さな障害と損害で大勝利をなしたこと」を強調し、その後も続々と外交上の成果が本国へ届けられていく。

いわば〝結果オーライ〟だったにせよ、ラッセル外相もこの成果を認めざるをえなかった。ラッセルはオールコックが遠征の根拠とした事実を認め、①四か国が一致協同したこと、②（大君やミカドを敵とせず）謀反《むほん》の封建家臣に対する限定的な作戦であったこと、③遠征が成功すればこれ以上の戦争行為が不必要であったことを、作戦行動の長所として評価した（一二月二日付外相訓令、英国外務省史料）。帰国命令をうけて英国に戻ったオールコックは、軍事力行使に寛容なパーマストンに絶賛され、翌年北京《ペキン》駐在特命全権公使へと〝栄転〟することになるのである。

フランスでは、戦争勝利の報を受け取ったのち、あらためて英国政府の意向を確認しようとしている。両国が採用してきた「穏和政策」が、オールコックによる「政府の方針と全く異なりたる態度」によって「強圧政策」が実行されたことを英国政府として認めるかどうか、ここを確認したかったのである（一八六四年一一月二二日付外相訓令、フランス外務省史料）。その結果、フランス本国も今回の戦争が「江戸政府によき反省の材料を与えた事実を知りて、大いに満足せる事」を表明した（一二月二二日付外相訓令、同前）。蘭・米両国が下関遠征の成果を高く評価したことはいうまでもない。

イギリス本国の総括

しかし英国といえども、オールコックが示した「自衛戦争」の論理をそのまま国家の総括とするわけにはいかない。同国が一貫して主張してきたのは、開明的政府ないし勢力への支援である。一度は危うく全面戦争かと懸念された日本問題は、一八六五年二月七日、両院議会冒頭の演説で次のように総括された（外務省引継書類）。

ロルド・コムミッショネルより上院・下院へ贈る説話

日本の一諸侯、その国主に叛いて乱を起こし、大不列顛及びその他諸国と取り結びたる条約の正理を破りたるに、日本政府この諸侯へ不法なる所業を為さざるよう指し止めること能わざるに付き、大不列顛・仏蘭西・荷蘭《オランダ》・北亜米利加合衆国のヂプロマチーケ・アゲント及び海軍指揮官、おのおのその政府にて取り結びたる条約の正理を押し立てるため、同盟の兵を起こしたり、この戦争勝利を得、外国貿易指し支えなく、且女王殿下との交際親睦なる日本政府の威力をも増したり

福沢諭吉《ふくざわゆきち》訳
箕作貞一郎校

これは本来、議会冒頭で女王が演説すべきものだったと思われるが、ヴィクトリア女王は夫君アルバート公の喪に服していたため、代わって読み上げられたのである。文面はパークス公使を通じて早速幕府へ届けられ、翻訳された。

この訳文は外国奉行所で翻訳御用をつとめた福沢諭吉によるものだが、ややわかりにくい。原文を見直してみると、この演説の要点は以下の通りである。

①主君に背いた日本の大名が、英国らと結んだ条約の諸権利を侵し、②日本政府がその不法を制止できなかったために、③英仏蘭米の外交代表と海軍司令官らは、条約によって獲得した権利を擁護するために、協同作戦を遂行した。④作戦行動は完璧に成功し、この結果、外国貿易の安全が確保され、⑤わが国と友好関係にある日本政府の権力が強化され

た、というのである。つまり、この総括では、日本政府（幕府）は自由貿易の条約を締結し、英国とは一貫して友好関係にあったのであり、そして、その日本政府が取り鎮められなかった叛乱大名を、英国をはじめとする西欧諸国の連合した力で正し、その結果、友好的な日本政府の権力を強化したというのである。英国の戦争行為は、友好国の政府支援というかたちで見事に正当化されたわけである。

この演説が、英国では歓迎の声をもって迎えられたことは疑いの余地がない。しかし、ここに示された論点が、実のところどのような歴史的内実をもったものだったのかは、すでに本文で詳述したとおりである。

幕府の鎖港要求と下関戦争

文久三年（一八六三）、奉勅攘夷《ほうちょくじょうい》方針のもと、幕府は鎖港による外国人追放策の実施を余儀なくされたが、必死の外交努力によってテロ・襲撃事件の対応をめぐる対英断交・開戦の危機を回避した。しかし、幕府に大名権力を押さえつける実力はなく、国内の攘夷激派《げきは》の突出を抑えられなかった。その結果、鹿児島戦争や下関砲撃をめぐる諸外国の報復攻撃を阻止することも出来なかった。

八・一八政変で朝廷内から攘夷激派が追放されたのちも、幕府は横浜鎖港《さこう》を主張することによって国内政局のイニシアチブを掌握しようとした。横浜鎖港は国是《こくぜ》となり、その実行を誓うことによって幕府は大政委任《たいせいいにん》を得た。目指されたのは、無謀な攘夷攻撃を禁じ、まず交渉によって横浜鎖港を実現することであり、たとえ戦争になっても筋を通せば名義は得られるという考え方である。

逆にいえば、日本政府（幕府）の鎖港要求は、条約諸国にとっては厄介な問題だった。日本側が実力行使に出たことを想定し、英国軍部は対日戦争シミュレーションを想定し、有事に備えた情報収集をおこなっていた。同時に、出先機関（駐日公使と海軍司令）に対して、敵対する砲台破壊を容認する訓令を発した。

この権限を最大限利用し、英公使オールコック（つまり外務省の出先機関）は、追随する条約諸国を糾合し、突出した攘夷激派＝長州藩の砲台に対する武力攻撃を組織した。条約諸国の一致点には、幕府の鎖港要求撤回が明確に謳《うた》われており、この軍事行動は鎖港をこなおうとする幕府自体に対しての軍事的圧力を意図していた。また、直接的な被害を受けていない英国にとって、これは明らかな先制攻撃であり、海峡封鎖の解除を名目とした戦争介入だった。

幕府が主張した〝和親《わしん》のために通商を犠牲にする論理〟は欧米の条約国にまったく通用しなかったが、幕府が避戦主義を採ったがために、鎖港政策を撤回させるために条約諸国は突出した攘夷激派への武力攻撃をおこなって幕府自体への圧力としたのである。オールコックが主張したように、条約諸国の側からみれば、和親は通商のための手段でこそあれ、通商を損じてまで維持すべき目的そのものではなかった。オールコックは幕府・朝廷をひとくくりにして、日本の攘夷勢力を「鎖港党派」と決めつけ、外国人追放を準備する軍事的脅威として位置づけていくことになった。

鹿児島戦争も下関戦争も、いわゆる国家間戦争には展開せず、ごく局地的な一大名権力との戦争で収拾する結果になった（戦争シミュレーションの第一ケース）。しかし一方で、攘夷勢力により大きな打撃を与えようとする挑発的な構想も存在し、英本国は、武力介入がかえって居留民の安全を脅かし、また国家間（ないしそのレベルに拡大した）戦争へ展開することへ深刻な危機感を持つ。実際、彼我の対応によっては現実に戦局が拡大する危険性もあったのである。現実は薄氷をふむ展開となり、全面戦争を回避するための限定作戦が見事に成功したといった予定調和的な、作られた議論は成り立たない。

日本側からみれば、いわゆる交渉条約体制が戦火の拡大によっては、いつでも敗戦条約体制へ転落する可能性を有していた。また、戦争を回避したとしても、自由貿易の枠組みに従った条約列強の厳しい要求に直面せざるをえなかった。幕府へ廻達された英国の「議会演説」は、今後は自由貿易の条約体制への違背を断じて許さないという強い警告でもあったのである。自由貿易体制を維持・拡大するためには武力の行使を辞さず、言うならば資本主義の鉄の意志はかく貫徹されていく。

本書では、日本側の史料だけでなく、英国を中心に条約諸国の側の史料を用いてマルチアーカイヴァルな分析につとめてきた。条約列強の軍事的プレゼンスの実態、下関戦争の舞台裏でどのような動きがあったのか、戦争の真の狙いや戦争を正当化する論理について、多少とも垣間見ることが出来たのではないだろうか。

あとがき

本書のもとになったものは、一九九五年九月から一年間の在外研究（パリ・ロンドン・ワシントン）における史料収集である。その後、科学研究費補助金も得てぼちぼちと史料を補強し、いくつかの論文になったが、なかなか本にまとめることができなかった。「文明」を強要するための戦争は許されるのか、大げさにいえば、本書のテーマのひとつはここにある。

ここ数年はイラク戦争に邪魔をされた。二〇〇三年、大量破壊兵器を準備しているという名目で、米国はイラク戦争をはじめた。その大義が偽りであったことが判明したのは戦後だったが、破壊されたものも失われた人命も、もはや戻ってこない。どうにもウンザリして、この戦争の行方を見極めるまではなかなか書く気になれなかったが、いまや戦争を推進したアメリカ共和党政権が倒れ、これを支援しつづけた日本でも政権交代がおこった。

オールコックが仕掛けた下関戦争は、局地的な作戦行動で全面戦争を回避したとされ、「文明」国の勝利の典型となった。東アジアにおけるオールコックの「力の政策」はパークスへ引き継がれていったが、意外だと思うのは、実のところ、当時の日本人も、その後の人びとも、このオールコックの論理を「現実」としてそのまま受け入れてきたということである。一九世紀とはそういう時代なんだ、という説明はすぐ帰ってくるだろうが、真の戦争目的と挑発的な構想、さらに、そもそもそう簡単に戦争ができたわけではないことは、本文にも紹介したとおりである。

一方、攘夷《じょうい》戦争があったからこそ、「攘夷派が士魂をみせた」からこそ、日本は中国と違って半植民地化を免れたのだという議論も根強い。しかし本当には、中国は西洋列強とことごとく戦い、日本の側は決定的な戦争を避けつづけた。鎖国体制は対外戦争を忌避する究極の手段でもあったし、戦わなかったことは、確かに幕府の因循さのあらわれであったかもしれないが、戦闘身分たる武士の冷静なリアリズムをも評価すべきなのかもしれないと思う。

今さら欧米の侵略主義を強調するとは言われないだろうが、こういうテーマを扱っていると怖いのは、欧米だって悪いことしてるんだという読み方をされることである。そういうつもりで書いているわけではない。自由貿易体制の維持拡大における軍事力の役割こそがテーマである。

当時のイギリス外交では、議会に対して、資料を公開し説明を果たす責任が生じている。市民社会の監視を過大評価することはできないかもしれないが、なるべくそうした多様な要素を書き込んで、その歴史的段階が具体的にうかがえるように努力したつもりである。反対に、鹿児島戦争では、英国艦隊の戦死者を引き揚げ、鹿児島市中に死体を晒している。アロー戦争では、清国側は英人捕虜を虐殺し、これが円明園《えんめいえん》焼き討ちの理由ともなった。アジアの側の戦争ぶりはそうした「野蛮」ぶりも目立つ。

その後の国際環境の中で、外国勢力の支持こそが国内権力を確立・掌握する前提となることは、戊辰戦争《ぼしんせんそう》時の旧幕・新政府双方の姿勢を見ていてもよくわかる。条約列強が採用した力の政策は、言うまでもなく、日本が他の東アジア諸国に乗り出していく際の手法になっていく。こうしたことを、あるがままに史料に即して具体的に叙述してみようというのが、とりあえずやりたかったことである。

なお、本書のもとになった論文・報告書は以下のとおりである。

「幕末の鎖港問題と英国の軍事戦略―一八六四年の対日戦争計画について―」（『歴史学

研究』七〇〇号、一九九七年）
「『欧米史料による下関戦争の総合的研究』研究報告書」（科学研究費補助金基盤研究C、二〇〇一年）
「一八六四年英国工兵隊の日本報告（一～七）」（『東京大学史料編纂所付属画像史料解析センター通信』二〇～二六、二〇〇二～二〇〇四年）
「歴史小説と幕末史―司馬遼太郎と吉村昭―」（『歴史評論』七〇五号、二〇〇八年）
最後に、ここ数年でんぐり返しひっくり返し同じネタを聞いていていただいた学生さんたちに感謝しておきたい。

二〇〇九年一〇月

保　谷　　徹

参考文献

個々の参考文献・引用文献（史料）は本文中に注記した。

〔研究文献〕

アラン・コルナイユ著、矢田部厚彦編訳『幕末のフランス外交官―初代駐日公使ベルクール―』（ミネルヴァ書房、二〇〇八年）
石井寛治・関口尚志編『世界市場と幕末開港』（東京大学出版会、一九八二年）
石井寛治『開国と維新』〈体系日本の歴史一二〉小学館、一九八九年）
石井寛治ほか編『日本経済史一　幕末維新期』（東京大学出版会、二〇〇〇年）
石井　孝『増訂明治維新の国際的環境』（吉川弘文館、一九六六年）
『日本開国史』（吉川弘文館、一九七二年）
『明治維新と外圧』（吉川弘文館、一九九三年）
『明治維新と自由民権』（弘文堂、一九九三年）
石井良助・服藤弘司編『幕末御触書集成』（岩波書店、一九九七年）
内川芳美・宮地正人監修『国際ニュース事典　外国新聞に見る日本』毎日コミュニケーションズ、一九八九年
大塚武松『幕末外交史の研究』（宝文館、一九五二年）
小野正雄『幕藩権力解体過程の研究』（校倉書房、一九九三年）

小野正雄監修・稲垣敏子解読『杉浦梅潭目付日記・箱館奉行日記』（日記刊行会、一九九一年）
加藤祐三『黒船前後の世界』（岩波書店、一九八五年）
芝原拓自『日本近代化の世界史的位置』（岩波書店、一九八一年）
高橋典幸・山田邦明・保谷徹・一之瀬俊哉『日本軍事史』（吉川弘文館、二〇〇五年）
遠山茂樹『明治維新』（岩波書店、改訂版一九七二年）
原口　清『幕末中央政局の動向』〈原口清著作集一〉（岩田書院、二〇〇七年）
文部省維新史料編纂会『維新史』（一九四一年）
広瀬靖子「幕末における外国軍隊日本駐留の端緒」（『お茶の水史学』一五、一九七三年）
宮地正人『国際政治下の近代日本』（山川出版社、一九八七年）
横井勝彦『アジアの海の大英帝国―一九世紀海洋支配の構図―』（同文舘、一九八八年、のちに講談社学術文庫、二〇〇四年）
横浜対外史研究会・横浜開港資料館編『横浜英仏駐屯軍と外国人居留地』（東京堂出版、一九九九年）

〔参照・引用した主な外国史料群〕 煩瑣なため、個別の史料番号は省略した。

英国外務省史料・海軍省史料・ラッセル文書（イギリス国立文書館 NAUK）

英国関係はいずれも国立文書館（リッチモンド市）が原文書を保管している。外務省史料は、FO46（本省文書）・FO262（駐日公使館文書）が主要な日本関係ファイルである。海軍省史料では、ADM1（艦隊文書）のうちの中国ステーションからの報告ファイル、日本関係をおさめたADM125のファイル群が基本となる（いずれも東京大学史料編纂所がマイクロフィルムで収集している）。陸軍工兵隊が作成・収集した図面・写真類は陸軍省（WO）の旧ファイルから画像史料群として別置されている（MRなど）。閣僚間の半公信はラッセル文書（当時外相）を用いた。同館には他にもハモンド文書（当時外務次官）、サトウ文書（のちの駐日公使）などがある。

仏国外務省史料（フランス外務省文書館AdAE）・仏国海軍省史料（フランス国立文書館AN、国防省海軍歴史資料室SHM）

仏国関係では、外務省の対日政治文書CPJがあり、海軍省史料ではBB4（艦隊文書）のうちの中国・インド艦隊のファイルが基本史料である（東京大学史料編纂所にマイクロフィルムがあり、部分的に「日仏関係文書」として訳出されている）。ヴァンセンヌの海軍歴史資料室には第三共和政以降の海軍省史料があるが、第二帝政期のものが一部含まれる。

米国国務省史料・海軍省史料（アメリカ国立文書館、NARA）

いずれも東京大学史料編纂所が収集したマイクロフィルムコレクションを参照した。

著者紹介
一九五六年、東京都に生まれる
一九八七年、東京大学大学院人文科学研究科博士課程中退
現在、東京大学史料編纂所教授
主要著書
戦争の日本史18 戊辰戦争　日本軍事史〔共著〕

歴史文化ライブラリー
289

幕末日本と対外戦争の危機
下関戦争の舞台裏

二〇一〇年(平成二十二)二月一日　第一刷発行

著　者　保《ほう》谷《や》　徹《とおる》
発行者　前田求恭
発行所　株式会社 吉川弘文館
東京都文京区本郷七丁目二番八号
郵便番号一一三―〇〇三三
電話〇三―三八一三―九一五一〈代表〉
振替口座〇〇一〇〇―五―二四四
http://www.yoshikawa-k.co.jp/
印刷＝株式会社 平文社
製本＝ナショナル製本協同組合
装幀＝清水良洋・渡邉雄哉

歴史文化ライブラリー

1996.10

刊行のことば

現今の日本および国際社会は、さまざまな面で大変動の時代を迎えておりますが、近づきつつある二十一世紀は人類史の到達点として、物質的な繁栄のみならず文化や自然・社会環境を謳歌できる平和な社会でなければなりません。しかしながら高度成長・技術革新にともなう急激な変貌は「自己本位な刹那主義」の風潮を生みだし、先人が築いてきた歴史や文化に学ぶ余裕もなく、いまだ明るい人類の将来が展望できていないようにも見えます。このような状況を踏まえ、よりよい二十一世紀社会を築くために、人類誕生から現在に至る「人類の遺産・教訓」としてのあらゆる分野の歴史と文化を「歴史文化ライブラリー」として刊行することといたしました。

小社は、安政四年（一八五七）の創業以来、一貫して歴史学を中心とした専門出版社として書籍を刊行しつづけてまいりました。その経験を生かし、学問成果にもとづいた本叢書を刊行し社会的要請に応えて行きたいと考えております。

現代は、マスメディアが発達した高度情報化社会といわれますが、私どもはあくまでも活字を主体とした出版こそ、ものの本質を考える基礎と信じ、本叢書をとおして社会に訴えてまいりたいと思います。これから生まれでる一冊一冊が、それぞれの読者を知的冒険の旅へと誘い、希望に満ちた人類の未来を構築する糧となれば幸いです。

吉川弘文館

〈オンデマンド版〉
幕末日本と対外戦争の危機
下関戦争の舞台裏

歴史文化ライブラリー
289

2019年（令和元）9月1日　発行

著　者　保《ほう》谷《や》　徹《とおる》
発行者　吉　川　道　郎
発行所　株式会社　吉川弘文館
〒113-0033　東京都文京区本郷7丁目2番8号
TEL　03-3813-9151〈代表〉
URL　http://www.yoshikawa-k.co.jp/

印刷・製本　大日本印刷株式会社
装　幀　清水良洋・宮崎萌美

保谷　徹（1956～）

ISBN978-4-642-75689-1